Heinrich Detering

Bertolt Brecht und Laotse

Heinrich Detering

Bertolt Brecht und Laotse

Wallstein Verlag

Legende

Als »der Chinese« ist Bertolt Brecht von Zeitgenossen und Nachgeborenen zuweilen bezeichnet worden, im Blick auf seine lebenslange Auseinandersetzung mit Gestalten, Texten und Denkfiguren der chinesischen Literatur und Philosophie. China interessiert Brecht bekanntlich als Schauplatz des weltgeschichtlichen Kampfes einer sozialistischen Revolution gegen eine überalterte Feudalgesellschaft, gegen imperialistische Fremdmächte und kapitalistische Ausbeutung.[1] Es interessiert ihn als Ort einer kulturellen Tradition, die von jeher durch eine »Synthese« von Kunst und Didaxe und deren Kunst durch entsprechende Verfahren distanzierender »Verfremdung« bestimmt gewesen sei.[2] Es interessiert ihn bereits ab 1920 um der sozialen, moralischen und geschichtsphilosophischen Ambivalenzen der konfuzianischen, mohistischen und taoistischen Traditionen willen. Und es beschäftigt ihn immer wieder – und vielleicht doch am umfangreichsten – als zuweilen umformend aufgenommene, nicht selten auch vergleichsweise äußerlich bleibende Maske einer exotischen Verfremdung des Eigenen, marxistische Chinoiserie. Vor allem aber beschäftigt es ihn über Jahrzehnte hinweg als Ursprungsort von Denkweisen, die für seine aus der westlichen Geschichtsphilosophie gewonnenen Prinzipien eine fortdauernde Provokation bedeuten, Verheißung und Versuchung zugleich. Die provozierendste dieser Denkweisen trägt in der Kultur- und Religionsgeschichte den Namen »Taoismus«; ihr legendenhafter Gründer heißt Laotse.

In den ersten Tagen des September 1920 vermerkt der zweiundzwanzigjährige Dichter Bertolt Brecht in kurzer Folge die erste Lektüre eines taoistischen Romans – Alfred Döblins *Die drei Sprünge des Wang-lun* – und die erste namentliche Begegnung mit dem Urheber des Taoismus selbst. Dieser Laotse, notiert Brecht, stimme in staunenerregender Weise »mit mir überein«. Achtzehn Jahre nach dieser ersten Begegnung, nach lebens- und werkentscheidenden Wendungen, in denen der frühere Gegner aller geschichtsphilosophischen Sinngebung sich zum erklärten Marxisten gewandelt hat, und inmitten des Kampfes, den der außer Landes Gejagte schreibend gegen die Barbarei führt – achtzehn Jahre später kehrt Brecht in einem seiner bedeutendsten Gedichte zu Laotse zurück. Es ist *Die Legende von der Entstehung des Buches Taoteking auf dem Weg des Laotse in die Emigration*, geschrieben 1938 im dänischen Svendborg, im Exil. Als »eines der Schlüsselgedichte« dieses Autors gilt die »Legende« – weil sie, wie Jan Knopf in *Kindlers Literaturlexikon* feststellt, »eines der berühmtesten Gedichte Brechts« ist;[3] weil sie, wie Roland Jost im *Brecht Lexikon* resümiert, »Kerngedanken und Haltungen anführt, die in B[recht]s gesamtem Werk immer wieder thematisiert werden«;[4] weil sie, wie Antony Tatlow im *Brecht-Handbuch* urteilt, eines der »originellsten Gedichte[] B[recht]s« ist. Und nicht zuletzt einfach deshalb, weil sie zu den »schönsten [Gedichten] des 20. Jahrhunderts in deutscher Sprache« gehört.[5]

So einhellig die Hochschätzung des Textes, so beiläufig das Interesse an seinem Gegenstand. Der überwiegende Teil der Untersuchungen, die diesem epochalen Text seit 1939 gewidmet worden sind, hat den philosophischen Prämissen und den praktischen Handlungsanweisungen, die sich mit dem Namen des »alten Weisen« und dem Buch Taoteking verbinden, erstaunlich wenig Aufmerksamkeit geschenkt. Weithin unbezweifelt galt lange Zeit der Satz, dass die Wirkungskraft und die Wirkungsabsicht dieses Textes wie der *Svendborger Gedichte* insgesamt begründet seien in Brechts letztlich unerschütterlicher »Gewißheit [...] von der Stärke des Volkes und dem Sieg des Sozialismus«.[6] Diese einst für die Brecht-Auslegung der DDR verbindliche Deutung, die sich verführerisch leicht auf manche Selbstaussagen Brechts berufen konnte, ist auch in der neueren Beschäftigung mit diesem Werk mehr oder weniger umstandslos auf den sozialistischen *mainstream* bezogen worden. Auch wenn bis heute noch immer eine angemessen umfangreiche und differenzierte Untersuchung der *Svendborger Gedichte* fehlt (wie wiederum Jan Knopf konstatiert,[7] der dann selbst eine der wichtigsten neueren Interpretationen skizziert hat),[8] so gilt die Sammlung doch jedenfalls als Ausdruck eines ungebrochenen politischen Kampfeswillens, gerade dank der in ihr ausgesprochenen und überwundenen Anfechtungen und selbstkritischen Befragungen. Und mit ihr die Legende vom Taoteking. Dass es in ihr um den Aufweis einer »historischen Notwendigkeit (nicht nur) angesichts [...] des Faschismus« gehe, setzt Roland Josts Artikel ebenso selbstverständlich voraus, wie sie derjenige von Jan Knopf zu den Gedichten zählt, »die auf neue Weise die Geschichte nach Lenins Motto ›Wer – wen?‹ befragen«. Antony Tatlow, der beste Kenner des ›chinesischen‹ Brecht, gehört zu den wenigen, die bei der Einordnung des Gedichts in die großen geschichtsphilosophischen Erzählungen schon seit den siebziger Jahren zur Vorsicht gemahnt haben.

Schon der Gedanke, dass es überhaupt eine Kontinuität geben könnte zwischen den Tagebuchnotizen des jungen Brecht und dem Gedicht aus dem Exil, musste in dieser Perspektive irreführend, wenn nicht abwegig erscheinen. Hatte nicht Brechts zögernd begonnene, dann immer entschiedener betriebene Hinwendung zum Marxismus gegen Ende der zwanziger Jahre sein Schreiben in eine sehr klare Dichotomie von Vorher und Nachher getrieben? Ergab sich daraus nicht eine scharfe Trennlinie zwischen dem jungen Wilden der zwanziger Jahre, der eine »Deutung der Geschichte als eines letzten Endes sinnlosen Kreislaufs« vertrat, und dem politischen Kämpfer, der diese Deutung ein für alle Mal »überwunden« habe?[9] Hatte nicht erst die »Konversion«[10] den ideologisch ungefestigten Vitalisten und Nietzsche-Verehrer, dessen amoralischer Nonkonformismus zuweilen sogar »schlimm [...] ausarten« konnte in »antibolschewistische« Kritik,[11] verwandelt in jenen politischen Theoretiker und Prosaisten, Lyriker und Stückeschreiber, der seine Dichtung dann mustergültig als gesellschaftlich eingreifendes Handeln proklamierte und praktizierte? Weil dies eine offene und keineswegs bloß rhetorische Frage ist, deshalb geht es im Folgenden um eine der spannungsvollsten Kontinuitäten im Denken und Schreiben des vormarxistischen und des marxistischen Brecht: um die jahrzehntelang fortdauernde Provokationskraft jener Lehren, die sich für ihn seit 1920 mit dem Namen des Laotse verbunden haben.

Die Legende vom Begründer des Taoismus nimmt auch und gerade in Brechts ›chinesischem‹ Werkkomplex eine zentrale, in mehrfacher Hinsicht singuläre Stellung ein.[12] Gestalten, Denkbewegungen und Handlungsanweisungen einer spezifischen chinesischen Tradition werden hier ernsthafter beim Wort genommen als in Brechts Werk zumeist. Hier stehen, über das verbindende Sujet der Emigration hinaus, die metaphysischen Prämissen des Taoismus, seine daraus abgeleiteten praktischen Lebenslehren und sein Verhältnis zur Geschichtsphilosophie in Rede. Und hier konvergieren *poetische* Verfahren, Themen, Motive, die sich in diesem Werk seit der Frühzeit beobach-

»Laotse, der das Reich verläßt, übergibt sein Werk Tao te king dem Grenzwächter«. Chinesische Zeichnung aus Richard Wilhelms »Taoteking«-Übersetzung.

ten lassen. Fundamental ist diese Auseinandersetzung, weil das Gedicht in größerer Konsequenz als sonst irgendwo bei Brecht eine Grundspannung artikuliert und austrägt, die sein Schreiben über Jahrzehnte hin untergründig mitbestimmt und die gerade im nie ganz gelungenen Versuch ihrer Auflösung poetisch fruchtbar geworden ist. Sie in ihren Ursprüngen, ihren Modifikationen und ihrer Produktivität zu erfassen, ist Ziel dieser Studie. Wie läse sich der Satz vom »Schlüsselgedicht«, wenn zu den in ihm zur Sprache kommenden »Kerngedanken und Haltungen«[13] ernstlich auch diejenigen des Taoismus gehörten?

Wer eine Antwort auf diese Frage finden will, muss vom Laotse-Gedicht ausgehen und wird wieder bei ihm ankommen. Dazwischen aber ist ein Weg zurückzulegen, der durch das weitläufige und noch immer nur unvollständig erschlossene Gelände des Brecht'schen Taoismus führt. Das schließt einige Umwege in die Voraussetzungen und Begleitumstände dieses Taoismus ein: in die Quellen, die Brecht benutzt hat, ihre kultur- und diskursgeschichtlichen Prägungen und die Beziehungen zwischen ihnen; in die philosophischen, literarischen, politischen Zeitumstände, in denen er mit taoistischen Gedanken und Schreibverfahren konfrontiert worden ist und in denen er selbst begonnen hat, sie sich anzueignen. Diese Wege führen in eine intellektuelle Konstellation, in der sein Taoismus kein Einzelfall ist, sondern Teil einer Generationserfahrung, in der Laotse dem kritischen Beobachter Max Weber geradezu als ein »Mode-Philosoph« erscheint. Um Brechts Taoismus zu verstehen, bedarf es einer genauen und geduldigen Lektüre seines berühmten Gedichts. Und umgekehrt: Um dieses Gedicht zu verstehen, bedarf es einer genauen und geduldigen Rekonstruktion der Wege, die zu ihm geführt haben und von denen manche lange vor Brecht beginnen.

*

In den folgenden Kapiteln wird das von Margarete Steffin im Svendborger Exil angefertigte, von Brecht dann eingehend überarbeitete Typoskript eine wichtige Rolle spielen, mitsamt den im Brecht-Archiv erhaltenen Notizen und Entwürfen. Am Anfang aber soll der Text in der von Brecht 1939 in den *Svendborger Gedichten* veröffentlichten Fassung stehen, dreizehn durchnummerierte Strophen.

Legende von der Entstehung des Buches Taoteking auf dem Weg des Laotse in die Emigration

1

Als er siebzig war und war gebrechlich
Drängte es den Lehrer doch nach Ruh
Denn die Güte war im Lande wieder einmal schwächlich
Und die Bosheit nahm an Kräften wieder einmal zu.
Und er gürtete den Schuh.

2

Und er packte ein, was er so brauchte:
Wenig. Doch es wurde dies und das.
So die Pfeife, die er immer abends rauchte
Und das Büchlein, das er immer las.
Weißbrot nach dem Augenmaß.

3

Freute sich des Tals noch einmal und vergaß es
Als er ins Gebirg den Weg einschlug.
Und sein Ochse freute sich des frischen Grases
Kauend, während er den Alten trug.
Denn dem ging es schnell genug.

4

Doch am vierten Tag im Felsgesteine
Hat ein Zöllner ihm den Weg verwehrt:
»Kostbarkeiten zu verzollen?« – »Keine.«
Und der Knabe, der den Ochsen führte, sprach: »Er hat gelehrt.«
Und so war auch das erklärt.

5

Doch der Mann in einer heitren Regung
Fragte noch: »Hat er was rausgekriegt?«
Sprach der Knabe: »Daß das weiche Wasser in Bewegung
Mit der Zeit den mächtigen Stein besiegt.
Du verstehst, das Harte unterliegt.«

6

Daß er nicht das letzte Tageslicht verlöre
Trieb der Knabe nun den Ochsen an
Und die drei verschwanden schon um eine schwarze Föhre
Da kam plötzlich Fahrt in unsern Mann
Und er schrie. »He, du! Halt an!

7

Was ist das mit diesem Wasser, Alter?«
Hielt der Alte: »Intressiert es dich?«
Sprach der Mann: »Ich bin nur Zollverwalter
Doch wer wen besiegt, das intressiert auch mich.
Wenn du's weißt, dann sprich!

8

Schreib mir's auf! Diktier es diesem Kinde!
So was nimmt man doch nicht mit sich fort.
Da gibt's doch Papier bei uns und Tinte
Und ein Nachtmahl gibt es auch: ich wohne dort.
Nun, ist das ein Wort?«

9

Über seine Schulter sah der Alte
Auf den Mann: Flickjoppe. Keine Schuh.
Und die Stirne eine einzige Falte.
Ach, kein Sieger trat da auf ihn zu.
Und er murmelte: »Auch du?«

10

Eine höfliche Bitte abzuschlagen
War der Alte, wie es schien, zu alt.
Denn er sagte laut: »Die etwas fragen
Die verdienen Antwort: »Sprach der Knabe: »Es wird auch schon kalt.«
»Gut, ein kleiner Aufenthalt.«

11

Und von seinem Ochsen stieg der Weise
Sieben Tage schrieben sie zu zweit.
Und der Zöllner brachte Essen (und er fluchte nur noch leise
Mit den Schmugglern in der ganzen Zeit).
Und dann war's soweit.

12

Und dem Zöllner händigte der Knabe
Eines Morgens einundachtzig Sprüche ein.
Und mit Dank für eine kleine Reisegabe
Bogen sie um jene Föhre ins Gestein.
Sagt jetzt: kann man höflicher sein?

13

Aber rühmen wir nicht nur den Weisen
Dessen Name auf dem Buche prangt!
Denn man muß dem Weisen seine Weisheit erst entreißen.
Darum sei der Zöllner auch bedankt:
Er hat sie ihm abverlangt.

»Hat er was rausgekriegt?«

Der Ursprung der Legende, die den Kern von Brechts Gedicht bildet, verliert sich im Dämmerlicht einer noch halb mythischen Frühgeschichte. Sie galt schon als uralt, als der große konfuzianische Geschichtsschreiber Se Ma Tsien sie im 2. vorchristlichen Jahrhundert aufschrieb, in einer Epoche, in der die konfuzianisch begründete Stärkung der kaiserlichen Zentralgewalt gegen die aufbegehrenden Feudalherren erneut zu bürgerkriegsähnlichen Auseinandersetzungen führte und es Grund genug gab, eine Zunahme der Bosheit im Lande zu beklagen und an Wege in die Emigration zu denken.[14] Brecht las sie in der Nacherzählung, die der Übersetzer Richard Wilhelm seiner deutschen Ausgabe des Buches Taoteking voranstellte. Dieser angesehenste deutsche Sinologe seiner Zeit war nach einem Studium in Tübingen und einer lebensbestimmenden Freundschaft mit dem späteren religiösen Sozialisten Christoph Friedrich Blumhardt 1899 als Pfarrer und Missionar in die deutsche Kolonie in Tsingtau gegangen; 1924 ist er als Gelehrter nach Deutschland zurückgekehrt, an die Frankfurter Universität. Wilhelm hat für den Verlag Eugen Diederichs neben dem *I Ging* und den taoistischen Werken des *Dschuang Dsi* und des *Liä Dsi* 1911 auch die einundachtzig Sprüche Laotses übersetzt, unter dem Titel *Das Buch des Alten vom Sinn und Leben* – keineswegs als Erster, aber mit der weitaus größten Resonanz.[15] In seiner Einführung zu dieser Übersetzung nun erzählt Wilhelm die Anekdote folgendermaßen:

> Als die öffentlichen Zustände sich so verschlimmerten, daß keine Aussicht auf Herstellung der Ordnung mehr vorhanden war, soll Laotse sich zurückgezogen haben. Als er an den Grenzpaß Han Gu gekommen sei, nach späterer Tradition auf einem schwarzen Ochsen reitend [...], habe ihn der Grenzbeamte Yin Hi gebeten, ihm etwas Schriftliches zu hinterlassen. Darauf habe er den Taoteking, bestehend aus mehr als 5000 chinesischen Zeichen, niedergeschrieben und ihm übergeben. Dann sei er nach Westen gegangen, kein Mensch weiß wohin.[16]

Etwas später malt Wilhelm auch die Verschlimmerung der öffentlichen Zustände genauer aus:

> Das Volk seufzte zwar unter dem Druck seiner Oberen, aber es hatte nicht mehr die Kraft zu einer energischen Willenstat [...] tiefgreifende Unwahrhaftigkeit hatte alle Verhältnisse durchfressen, so daß nach außen hin Menschenliebe, Gerechtigkeit und Moral noch immer verkündigt wurden als hohe Ideale, während im Innern Gier und Habsucht alles vergifteten. Bei solchen Zuständen mußte jedes Ordnen die Unordnung nur mehren.[17]

Auch wenn diese Geschichte erklärtermaßen so legendenhaft bleibt wie ihr vermutlich auf volkstümliche Mythenbildungen zurückgehender Held, und auch wenn das Taoteking zweifellos eine sehr viel längere und verwickeltere Entstehungsgeschichte gehabt hat – sie fasst doch zusammen, was Brecht über die Entstehung des Buches Taoteking auf dem Weg des Laotse in die Emigration wissen wollte und gebrauchen konnte. Die zweiseitige chinesische Zeichnung, die den Alten auf dem Ochsen im Felsgesteine zeigt (samt Knaben und gestikulierendem Zöllner) und die in späteren Ausgaben weggefallen ist, hat Brecht offensichtlich als Bildvorlage gedient (s. hier S. 8 f.).[18]

So weit der *plot*, das äußere Geschehen, das der Exilant Brecht aus der chinesischen Tradition aufgreift.

»Doch der Mann in einer heitren Regung / Fragte noch: ›Hat er was rausgekriegt?‹« Tatsächlich wird Laotses Lehre in Brechts Gedicht zwar knapp, aber sehr präzise veranschaulicht. Was der emigrierende Lehrer »rausgekriegt« hat, das wird resümiert in der einen, zentralen Erkenntnis,

> Daß das weiche Wasser in Bewegung
> Mit der Zeit den mächtigen Stein besiegt.
> Du verstehst: Das Harte unterliegt.

So einfach dieser Satz klingt, so komplex sind die Vorstellungen, die in ihn einmünden. Und sie sind dichter in die Textur der Brecht'schen Dichtung eingewoben, als es zunächst den Anschein hat.

In einundachtzig poetischen Sprüchen lehrt ›der‹ oder ›das‹ Taoteking (in neuerer, annähernd phonetischer Schreibung: Dau-De-Djing), das ›kanonische Buch‹ (»king«) also, was es auf sich hat mit »Tao«, dem ›Weg‹, und »Tê«, der ›Lebenskraft‹ und rechten Verhaltensweise; und der Name des Weisen, der auf diesem Buche prangt, benennt keine individuelle Gestalt, sondern umschreibt einen Typus: »Laotse«, den »Alten Weisen«.[19] Reich an prägnanten poetischen Bildern und dialektischen Wendungen, vertritt es eine mystisch-monistische Metaphysik und eine daraus abgeleitete, aus Prinzip prinzipienlose Ethik von situativer Geschmeidigkeit. Das fließende, sich entfernende und zurückkehrende, in seiner Schwäche unüberwindlich starke Wasser aber, das nicht festzuhalten, unbegrenzt und im stetigen Wandel doch immer mit sich selbst identisch ist: von jeher hat die Tradition dieses Bild als das zentrale Gleichnis, ja geradezu als die Summe der taoistischen Philosophie zur Geltung gebracht. Es veranschaulicht jenes zugleich dynamische Seinsprinzip des Kosmos, das immerfort »strömt und ruht«. Mit dem Begriff des »Tao« (oder: Dao, Dau) ist es nur behelfsweise-metaphorisch auf den Begriff gebracht; sein Wesen kann immer nur umschrieben werden in den Unsagbarkeitstopoi und Paradoxien mystischer Rede.

Wörtlich bedeutet das chinesische Wort Tao: »Weg«. Richard Wilhelms Übersetzung gibt es mit »SINN« wieder (stets in diesen absichtsvoll verfremdenden Großbuchstaben), in ausdrücklichem Bezug auf Goethes Faust und dessen Bemühungen um die Übersetzung des »λόγος« (*logos*) im Prolog zum Johannesevangelium: »Im Anfang war der Sinn.« Immerhin erscheint auch umgekehrt in chinesischen Bibelübersetzungen, darauf weist Wilhelm hin, der griechische Begriff des λόγος als »Tao«.

Auch der komplementäre zweite Begriff der taoistischen Metaphysik wird bei Brecht präzise ins Bild gebracht. Dem ursprungs- und endlosen Strömen des »Tao« nämlich sollte, so lehrt Laotse weiter, eine bestimmte menschliche Verhaltensweise antworten, eine ›virtus‹, eine »Tê«. Sie ist im Grunde nichts anderes als eine Fortsetzung der Dynamik des Tao selbst, und sie besteht im *Wu-wei*, dem »Nichtwiderstreben«, dem »Nichthandeln«. Dieses Nichthandeln aber ist, in aller paradoxen und dialektischen Zuspitzung, gerade diejenige Weise des Handelns, die der Beschaffenheit des Kosmos einzig gerecht wird. Denn das Tao, so lehrt Laotse,

> ist ewig ohne Handeln,
> und nichts bleibt ungewirkt.[20]
> Das Nicht-Handeln üben:
> so kommt alles in Ordnung.[21]

Also: »der Berufene [...] wagt nicht zu handeln.«[22] Eben indem er nicht eingreift in den Gang des Tao, folgt er dem Lauf des Wassers: überlässt sich ihm; und dieses Lassen ist der Grund seiner Gelassenheit. Indem er nicht handelt, wandelt er sich und seine Welt und besiegt mit der Zeit selbst den mächtigen Stein. Aus dieser Grundeinsicht können sich entschieden politische Konsequenzen ergeben, deren Provokationskraft für die Lektüre des späteren, zum Marxisten gewordenen Brecht nicht leicht zu überschätzen ist:

> Darum spricht ein Berufener:
> Ich handle nicht, und das Volk wandelt sich von selbst.
> Ich liebe die Stille, und das Volk wird von selber recht.
> Ich habe keine Geschäfte, und das Volk wird von selber reich.
> Ich habe keine Begierden, und das Volk wird von selber einfach.[23]

Der Einzelne, der »dem Volk« dienen will: er sollte eben um des Volkes willen am besten »nichts unternehmen«, sondern in der Stille geschehen lassen, was auch ohne ihn seinen Lauf nimmt. Wu-wei ist, als Nicht-Eingreifen, ein Handeln im Einklang mit dem Tao als dem schöpferischen Urgrund des Seins, dessen Beschaffenheit – wie Brecht bei Wilhelm lesen konnte – »immer im Flusse« ist: »Es wandelt im Kreise und kennt keine Unsicherheit.«[24] Wer das verstanden hat, der, so lehrt der 7. Spruch des Taoteking in Richard Wilhelms Übersetzung,

[...] setzt sein Selbst hintan,
und sein Selbst kommt voran.
Er entäußert sich seines Selbst,
und sein Selbst bleibt erhalten.[25]

So siegt »das Weiche [...] über das Harte« und »das Schwache [...] über das Starke«.[26] Wer den Wechsel von Güte und Bosheit, von Systole und Diastole lange genug erlebt hat, der wird sich danach für keine der beiden Seiten mehr entscheiden, sondern sich dem Wechsel entziehen und den Schuh schnüren, der wird eingehen in die ewige Bewegung des stehenden Jetzt. Nicht mehr nach dem Guten wird er sich sehnen, sondern nach Ruh. Indem er zu weichem Wasser wird, bricht er den mächtigen Stein. Das aber gilt auch umgekehrt: Indem er den Stein bricht, wird er zu Wasser.

Hier zeigt sich die entscheidende Differenz zwischen dem taoistischen und dem heraklitischen Wasser-Bild, mit dem es allzu leicht verwechselt wird. Hier geht es nicht lediglich um die Einsicht, dass alles fließt, sondern um die wahrhaftig weltverändernde Kraft des Flusses, der zu widerstreben unklug, in die ›nichthandelnd‹ einzuwilligen hingegen ein Gebot der Klugheit ist. Anschließbar ist es deshalb leichter an bestimmte Auffassungen von Karl Marx als an die Maximen Heraklits – so weit jedenfalls, wie es um eine Welt-Anschauung geht, die »jede gewordene Form im Flusse der Bewegung [...] auffaßt«. Mit diesem Bild beschreibt Marx seinen Begriff einer materialistischen Dialektik;[27] und so gelesen, wie es da steht, steht es dem Laotse nicht fern. (Auch wenn sich aus seiner Interpretation dann, wie Brecht selbst hervorheben wird, sehr unterschiedliche Konsequenzen ergeben können.)

Darum wäre es ganz irreführend, im taoistischen Nicht-Handeln nur stoische Resignation oder quietistische Passivität wahrzunehmen. Eher lässt es sich als eine eigentümlich konsequente Weise des Kampfes verstehen. Denn: »Wer tüchtig ist den Feind zu besiegen, / der streitet nicht mit ihm.«[28] Wu-wei als »nicht zwingen« bedeutet also, so erläutert Alan Watts anschaulich: »mit dem Strich gehen, mit dem Stoß rollen, mit der Strömung schwimmen, die Segel nach dem Wind richten, die Gezeiten mit der Flut nützen«.[29]

Nicht eine Lehre von Verzicht und Verlust wird hier mithin proklamiert, auch nicht einfach ein Weg zu Harmonie und Wohlbefinden, sondern der einzig erfolgversprechende »Weg zum Sieg«. Mit diesen Worten überschreibt Richard Wilhelm in seiner Übersetzung denn auch jene Passage eines benachbarten taoistischen Klassikers,

Der Alte Weise und sein Buch:
Innentitel von Richard Wilhelms Übersetzung.

LAOTSE
TAO TE KING
DAS BUCH DES ALTEN VOM SINN UND LEBEN

AUS DEM CHINESISCHEN VERDEUTSCHT UND ERLÄUTERT VON RICHARD WILHELM

JENA 1911 / VERLEGT BEI EUGEN DIEDERICHS

des *Liä Dsi*, in der ebendieses Prinzip in ausdrücklichem Bezug auf das Taoteking erläutert wird:

> Es gibt in der Welt einen immer sieghaften Sinn und einen immer sieglosen Sinn. Der sieghafte Sinn heißt Demut, der sieglose Sinn heißt Gewalt. [...] Das heißt: man siegt nicht, es siegt sich von selber.[30]

»Ach, kein Sieger trat da auf ihn zu«? Indem sein seltsamer Gast ihn den gewaltlos »sieghaften Sinn« lehrt, wird der Zöllner erkennen, wie es sich von selber siegt.

Nicht genugtun kann sich Laotse mit der variierenden Wiederholung dieser Lehre. »Die Wunschlosigkeit führt zur Stille: / So wird die Welt von selber recht.«[31] Wer in der Welt »handelt, verdirbt sie. / Wer festhält, verliert sie.«[32] Wer hingegen im Einverständnis mit dem Tao lebt, der »zwingt nicht mit Waffen die Welt«, der »wagt nicht Eroberung mit Gewalt«, dessen »Art ist es, den Rückzug zu lieben«.[33] Denn:

> Sind die Waffen stark, so siegt man nicht.
> Ist ein Baum stark, so braucht er Stützen.[34]
> Das Starke und Große steht unten.
> Das Weiche und Schwache steht oben.

So im 76. Spruch. Mit der Steigerung des Schwachen zum Schwächsten und des Weichen zum »Allerweichsten« steigert sich auch der Verzicht auf die Waffengewalt zum pazifistischen Prinzip des absoluten Nicht-Widerstrebens. Das »Wu-wei« erweist sich von Spruch zu Spruch deutlicher als gesteigerte Form des Gewaltverzichts – und damit als die passivste und eben deshalb wirkungsvollste Form des passiven Widerstands, die dem Menschen möglich ist. Denn:

> Das Allerweichste auf Erden
> überholt das Allerhärteste auf Erden.
> [...]
> Daran erkennt man den Wert des Nicht-Handelns.[35]

Das Allerweichste auf Erden: *das* ist es, was im wiederkehrenden Bild jenes Wassers veranschaulicht wird, das damit zugleich Gleichnis der kosmischen Dynamik selbst und des ihr angemessenen menschlichen Verhaltens ist, des Tao und der Tê. Und »das weiche Wasser in Bewegung« ist es, das selbst das Allerhärteste zu überholen und die erstarrtesten Verhältnisse radikal zu wandeln vermag – weil das Tao selbst eben seinem Wesen nach »immer strömend« ist.

Das Wassergleichnis ist also hier wie dann in der sich auf das Taoteking berufenden Tradition taoistischer Schriften nicht nur eines unter anderen. Sondern es ist dasjenige Bild, das die Lehre vom Wu-wei bündig resümiert. Diese zentrale Position innerhalb der wiederkehrenden taoistischen Gleichnisreden markiert die populäre Einführung von Alan Watts schon mit ihrem Titel. *Tao, the Watercourse Way* lautet der Titel der amerikanischen Ausgabe von 1975.[36]

Erst im 78. Spruch aber, kurz vor dem Ende des Taoteking, wird das Bild vollends entfaltet:

> Auf der ganzen Welt gibt es nichts Weicheres als das Wasser.
> Und doch in der Art, wie es dem Harten zusetzt, kommt nichts ihm gleich.
> Es kann durch nichts verändert werden.
> Daß Schwaches das Starke besiegt
> und Weiches das Harte besiegt,
> weiß jedermann auf Erden,
> aber niemand vermag danach zu handeln.

Dies sind die Verse, die Brecht in der 5. Strophe seines Gedichts paraphrasiert – unter Einbeziehung erläuternder und vertiefender Motive aus dem 4., 7. und 43. Spruch.[37] Und es sind nicht seine einzigen Übernahmen aus dem Buch Taoteking.

Sie werden lachen: das Taoteking

Unübersehbar zeigt, was sich in Richard Wilhelms Übersetzung bis in die Typographie hinein geheimnisvoll und unvertraut präsentiert, bemerkenswerte Ähnlichkeiten mit durchaus vertrauten christlichen Vorstellungen. Es fällt nicht schwer, das Schwächste, das sich als das Stärkste erweist, in einer Linie zu sehen mit jenen Letzten, die der Bergpredigt zufolge die Ersten sein werden. So deutlich die Lehre vom Tao vom Christentum geschieden ist durch den Verzicht auf ein personales Gottesbild (und so fremdartig infolgedessen auch das Konzept der menschlichen Person sich darstellt), so unmöglich sie mit der Idee einer Heilsgeschichte, ja überhaupt einer Geschichte zu vereinbaren ist und so heikel sich aus christlicher Perspektive manche der elastischen Moralkonzepte der »Tê« ausnehmen können – so sonderbar verwandt erscheinen beide doch in ihrer fundamentalen Umwertung von stark und schwach, Macht und Ohnmacht, Sieg und Scheitern, in ihrer zumindest angedeuteten Überwindung der Grenze von Tod und Leben. Und ebenso nahe sind sich auch die sprachlichen Ausdrucksformen, die beide für das Reden vom Unsagbaren finden, ihre gemeinsame Vorliebe für prägnante Paradoxien und poetische Gleichnisse.[38]

Wieviel von dieser eigentümlichen Verwandtschaft in Taoismus und Christentum selbst begründet liegt, ist eine Frage für die vergleichende Religionsgeschichte. Dass aber der Taoismus des Laotse jedenfalls in Europa als eine im doppelten Sinne des Wortes postchristliche Metaphysik und Lebenslehre aufgenommen worden ist: das geht auch Brecht-Leser an. Denn ohne die ambivalente Beziehung zu Bibel und Christentum ist weder Brechts wichtigste Quelle zu verstehen noch der literarische und philosophische Kontext, in dem er sie liest. Und diese Ambivalenz hat eine Vorgeschichte, deren Kenntnis für unser Thema unentbehrlich ist.

So triumphal Richard Wilhelms Übersetzung am Anfang einer neuen Laotse-Rezeption steht, in der Brecht – wie sich noch zeigen wird – zunächst nur einer unter vielen faszinierten Lesern ist, so lang ist doch der Weg, der zu ihr geführt hat. Man muss etwas über diesen Weg wissen, um wesentliche Prägungen zu bemerken und zu verstehen, die noch in Wilhelms Arbeit in Übernahme wie in Abwehr zu bemerken sind und die durch sie hindurch auf Leser wie Brecht weiterwirken.

Zwar ist der Taoismus in Europa später und zögernder angekommen als der Hinduismus und zumal der Buddhismus (mit dem er in engen, wenngleich immer wieder umstrittenen Beziehungen steht). Dafür aber leuchtet seine Ausstrahlung bis weit ins 20. Jahrhundert hinein. Nach ersten, noch vagen Erwähnungen bei französischen Jesuitenmissionaren Anfang des Barockzeitalters und versprengten gelehrten Kenntnisnahmen in der Aufklärung (deren Neugier sich doch ungleich stärker auf die konfuzianische Gesellschafts- und Tugendlehre richtet) entfaltet er seine europäische Breitenwirkung erst, als er unter jenen chinesischen Dichtungen und philosophischen Werken auftaucht, die der französische Sprachforscher, Kulturhistoriker und Übersetzer Jean-Pierre Abel-Rémusat nach Paris vermittelt. Seit neun Jahren ist er Inhaber des ersten sinologischen Lehrstuhls am Collège de France, als er im Jahr 1823 eine Abhandlung über den mysteriösen Weisen erscheinen lässt, die auch vereinzelte Textproben übersetzt: *Mémoire sur la vie et les opinions de Laotseu, philosophe Chinois du*

VI. siècle avant notre ère, qui a professé les opinions communément attribués à Pythagore, à Platon et a leurs disciples. Als ihr 1842 mit einigem Abstand die Taoteking-Übersetzung seines Schülers und Nachfolgers Stanislas Julien folgt (zusammen mit dem chinesischen Originaltext), da sind die philosophischen und gelehrten Laotse-Debatten schon im vollen Gange. Hervorgegangen ist Abel-Rémusats Abhandlung aus einem Vortrag im selben Jahr 1823. Und sein Ziel ist der Nachweis, dass Laotse Syrien und Griechenland bereist und dort nicht nur die Philosophie Platons und die Geheimlehren der Pythagoräer, sondern gleich auch noch Grundzüge der jüdischen Theologie kennengelernt habe.

Das wird, wie viele Schriften Abel-Rémusats, auch in Deutschland mit großer Neugier gehört. Während Wilhelm von Humboldt mit Abel-Rémusat korrespondiert und in Weimar der am Programm einer »Weltliteratur« arbeitende Goethe ab 1827 aus seinen literarischen Übersetzungen Motive für den Zyklus der *Chinesisch-deutschen Jahres- und Tageszeiten* gewinnt und sich in der Maske eines alten Mandarins der konfuzianischen Schriftkultur nähert, greift der Bonner Philosoph und Historiker Carl Joseph Hieronymus Windischmann zielstrebig nach dem vermeintlich jüdisch-griechischen Laotse.[39] Wie Abel-Rémusat und andere Gelehrte, Philosophen wie Schelling und namentlich auch eine Reihe katholischer wie protestantischer Theologen des 19. Jahrhunderts, glaubt auch er in manchen Wendungen des Taoteking eine chinesische Transformation des jüdischen Gottesnamens zu entdecken, am deutlichsten im 14. Spruch. Der im französischen Text als »I-Hi-Wei« transkribierte Name verweise, das erscheint auch ihm evident, auf das biblische ›Jahwe‹ oder hier: ›Je-ho-vah‹; in der vermeintlich wiederkehrenden Dreizahl solcher und anderer Formeln erkennen die christlichen Interpreten philosophisch-spekulative Vorwegnahmen der christlichen Trinitätslehre.[40] Dieses Verständnis wird sich in frommen Kreisen, vor allem im Umkreis der Missionstheologie, lange halten. Noch 1914 erscheint ein Traktat unter dem Titel *Lao-tsze, ein vorchristlicher Wahrheitszeuge* – verfasst von dem Leiter des größten evangelischen Missionsverlags in Deutschland. Er heißt Johannes Hesse, und sein Sohn Hermann wird wenig später mit seinen Romanen und Erzählungen zu den einflussreichsten Propagandisten eines dezidiert nicht mehr nur christlich verstandenen Laotse in der deutschen Literatur werden.

Das Taoteking (auch die bis heute in Europa verbreitete Schreibweise des Titels folgt der Pionierarbeit Abel-Rémusats) gerät damit

Richard Wilhelm (1873-1930)

von Anfang an – und mit unabsehbaren Folgen bis weit in Brechts Rezeption hinein – in eine sonderbar zweideutige Beziehung zu den christlichen Traditionen Europas. Einerseits erscheint das Substrat seiner philosophischen Lehren als eine poetisch verkleidete (und in dieser vermeintlichen Verkleidung dem romantischen Orientalismus entgegenkommende) Variante jüdisch-christlicher Theologie; und Laotse selbst wird, nicht anders als von alters her Platon oder Horaz, als ein Prophet des Messias, wenn nicht gar als Christ *avant la lettre* an abendländische Erwartungen angepasst. Andererseits gibt gerade dieser christlichen Sprech- und Denkweisen angenäherte Taoismus dem dogmatisch Gewohnten, dem religiös Vertrauten ein faszinierend fremdes Ansehen.

1870 veröffentlicht in Deutschland Reinhold von Plänckner die erste vollständige, sehr frei paraphrasierende und erweiternde Übersetzung des Taoteking. Ihr folgt im selben Jahr die ungleich sorgfältigere, bis heute immer wieder nachgedruckte, noch von Max Weber benutzte und von ihm als »genial« gerühmte Übersetzung des liberalen Tübinger Theologen Victor von Strauß (der die theologischen

Spekulationen mit vermeintlich neuen Argumenten und Entdeckungen fortsetzt).[41] Ab 1888 schließen sich weitere Übersetzer und Deuter an. Genialität wird man den wenigsten von ihnen nachsagen wollen, umso mehr aber eine zunehmend enthemmte Einebnung des Taoismus in einen vitalistisch, neuromantisch, nicht selten auch esoterisch und okkultistisch geprägten Zeitgeist mehr oder weniger diffuser Zivilisationskritik. 1888 erscheint im Verlag Duncker in Berlin Friedrich Wilhelm Noaks Übersetzung des, wie er in eigenwilliger Orthographie schreibt, »Taòtekking von Laòtsee«, die »ohne Commentar [...] das fremde Werk dem Styl der eignen Sprache« möglichst weit einverleiben soll und in dem der Begriff des »Tao« daher gleich mit dem Wort »Gott« wiedergegeben wird. 1897 deutet Franz Hartmann in hoch spekulativen Interpretationen das »Tao-Teh-King« als Ausdruck einer »Theosophie in China« (1897), Alexander Ular (1903; im selben Jahr erscheint Rudolf Dvoráks Einführung *Lao-tse und seine Lehre*), Joseph Kohler präsentiert seine Version des Taoteking als »Des Morgenlandes größte Weisheit« (1908). Und der Tübinger Alttestamentler Julius Grill, der emsig den Nachweis einer Verwandtschaft zwischen Taoteking und Neuem Testament führen will, bringt schon im Titel die chinesischen Begriffe derart in die Nähe der theologischen Tradition, dass die Erhebung Laotses zum Religionsstifter für eine dem Christentum entfremdete, aber gleichwohl nach religiöser Sinngebung verlangende Jugendbewegung mit Händen zu greifen ist: *Lao-Tszes Buch vom höchsten Wesen und vom höchsten Gut* (1910).

1911 dann erscheint die literarisch folgenreichste Übersetzung, die trotz sinologisch weit präziserer späterer Nachfolgearbeiten bis heute die weithin kanonische Fassung eines deutschen Taoteking geblieben ist (und für das taoistische Grundbuch so etwas geworden ist wie die Lutherübersetzung für die Bibel). Richard Wilhelm veröffentlichte sie als Teil einer schließlich fünfbändigen Sammlung kanonischer Texte der chinesischen Philosophie, in einer Reihe also mit Neuübersetzungen des uralten Weisheits- und Orakelbuchs *I Ging: Das Buch der Wandlungen*, der Gespräche des Konfuzius (*Lun Yü*) und der taoistischen Grundbücher des *Dschuang Dsi: Südliches Blütenland* und des *Liä Dsi: Quellender Ursprung*.

Wilhelm, der deutsche Theologe, der zur Jahrhundertwende als evangelischer Missionar in die Kolonie Tsingtau gegangen war, hat sich später stolz dazu bekannt, dort nicht zum Verkünder des Christentums unter den Chinesen geworden zu sein, sondern umgekehrt von Tsingtau aus zum wirkungsvollsten Verkünder chinesischer Weisheit unter den Deutschen. Seine Übersetzungen, allen voran diejenige des Taoteking, beziehen ihr enormes Wirkungspotential aus einem einfachen Prinzip, das ihnen nicht selten Kritik neuerer Sinologen eingebracht hat, gerade *weil* es so eigenwillig an die Traditionen Abel-Rémusats und seiner Nachfolger anschließt. Sie kehren das missionarische Prinzip der Inkulturation um, indem sie nicht mehr die christliche Heilsbotschaft in Sprachbildern der chinesischen Tradition ausdrücken, sondern die chinesische Tradition durch die Verbindung mit christlichen Sprachbildern innerhalb einer christlich bestimmten Kultur verstehbar werden lassen – nicht nur als eine ferne und eigenwillige Variante der griechischen und jüdisch-christlichen Denkweisen, sondern womöglich gar als deren modernitätskompatible Überbietung. In gezielten Anachronismen lässt Wilhelm darum seinen Laotse immer wieder in Begriffen und Gleichnissen sprechen, die Kennern der Lutherbibel sonderbar vertraut vorkommen müssen.

So erfährt man hier vom Tao, dass es »alle Dinge kleidet und nährt«,[42] dass es wie der »Himmel [...] ewig« sei,[43] dass es »Leben« und »Seligkeit« verspricht.[44] An biblische Redeweisen erinnert in einem solchen Kontext auch ein beiläufiger Satz wie »Die Werke wurden vollbracht«.[45] Erst recht gilt das für solche Passagen, in denen einzelne, nicht selten als Predigttexte fest etablierte Abschnitte des Luther'schen Neuen Testaments wörtlich übernommen werden. »Wer seine Seele einfältig macht und demütig, / der mag wohl werden wie ein Kindlein«, belehrt Laotse seine deutschen Leser und fordert »Rückkehr zur Einfalt«: »umkehren und werden wie ein Kindlein«.[46] Er proklamiert: »haltet fest an der Lauterkeit: / so mindert sich die Selbstsucht, so verringern sich die Begierden«[47] und unterscheidet den, der »sich genügen lässet«, von jenem, der »sein Herz an andres hängt«[48] und deshalb »nicht geschickt [ist] das Reich zu erlangen«.[49] Schließlich, im 62. Spruch, wird sogar ein Zitat aus alten chinesischen Weisheitsschriften vollständig ersetzt durch eines aus dem Matthäusevangelium:

> Der Grund, warum die Alten diesen SINN so wert hielten,
> war kein andrer, als daß man von ihm wirklich sagen kann:
> Wer bittet, der empfängt.
> Wer Sünden hat, dem werden sie vergeben.[50]

Hinzu kommen die Überschriften, die Wilhelm den Sprüchen nach dem klassischen Kommentar des Ho Shang Gong hinzufügt und von denen manche in Wilhelms Varianten ihrerseits dazu beitragen, die fremden Texte in einen vertrauten Horizont zu stellen. (In späteren Ausgaben sind sie stillschweigend wieder getilgt worden.) Das Gleichnis vom fließenden Wasser etwa, das für Brecht so bedeutungsvoll wurde, steht bei Wilhelm unter dem Satz: »Was man dem Glauben überlassen muss.«[51]

Damit muss nun dieses Grundbuch der taoistischen Weisheit markanter als in anderen Übersetzungen als eine neuartig religiöse Dichtung erscheinen. Durch die chinesische Weisheitslehre hindurch wird in Richard Wilhelms Taoteking, von Vers zu Vers deutlicher, gleichsam eine zweite Quelle erkennbar – eine Quelle, deren Bilder und Sprechweisen dem jungen Brecht von Kindheit an tief vertraut gewesen sind. Es ist, »Sie werden lachen: die Bibel«.[52]

Dass Wilhelm überhaupt vom Tao als dem »SINN« spricht, verdankt sich erklärtermaßen einer Verbindung der christlichen Bibelexegese mit der größten deutschen Dichtung (und bestimmt damit nebenbei auch die Ranghöhe, auf der hier der chinesische Text verhandelt wird): den Bemühungen des Goethe'schen Faust um die rechte Wiedergabe des griechischen *logos*. In einer wichtigen Passage seiner Einleitung erläutert Wilhelm das so:

> Im Grunde genommen kommt auf den Ausdruck wenig an, da er ja auch für Laotse selbst nur sozusagen ein algebraisches Zeichen für etwas Unaussprechliches ist. Es sind im wesentlichen ästhetische Gründe, die es wünschenswert erscheinen lassen, in einer deutschen Übersetzung ein deutsches Wort zu haben. Es wurde von uns durchgängig das Wort SINN gewählt. Dies geschah im Anschluß an die Stelle im Faust I, wo Faust vom Osterspaziergang zurückkehrt, die Anfangsworte des Johannesevangeliums u. a. mit: »Im Anfang war der Sinn« wiederzugeben versucht. Es scheint das die Übersetzung zu sein, die dem chinesischen »dao« in seinen verschiedenen Bedeutungen am meisten gerecht wird. [...]
> Um hier gleich die Übersetzung des andern immer wiederkehrenden Wortes TE (sprich: de) zu rechtfertigen, so sei bemerkt, daß die chinesische Definition desselben lautet: »Was die Wesen erhalten, um zu entstehen, heißt de«. Wir haben das Wort daher (in Anlehnung zugleich an Joh. 1,4: »In ihm war das Leben, und das Leben war das Licht der Menschen«) mit LEBEN übersetzt.[53]

Was hier geschieht, hat zwei Seiten. In demselben Maße, in dem mit Wilhelms einbürgernd-inkulturierender Nachdichtung die chinesische

Kultur europäisiert und der Taoismus christianisiert wird, erscheinen Europa und Christentum in einer grundlegend verfremdeten, chinesisch-taoistischen Perspektive. Das beginnt mit der ›chinesischen‹ Gestaltung von Typographie und Layout, die so weit geht, dass selbst die Namen des Herausgebers und des Verlags in einer (eigens kommentierungsbedürftigen) chinesischen Kalligraphie wiedergegeben werden (s. die nebenstehende Abbildung). Und diese Verfremdung des Gewohnten setzt sich bis weit in die sprachliche Gestalt der Texte hinein fort. Unversehens ähneln da die Seligpreisungen und Forderungen der Bergpredigt den Maximen des Wu-wei, taucht hinter den christlichen Gottesbildern das bildlose Tao auf, und von diesem »Sinn« heißt es dann, in einer die christologischen Redeweisen von Sohnschaft und Präexistenz geradezu umkehrenden Formulierung:

> Ich weiß nicht, wessen Sohn er ist.
> Er scheint früher zu sein als der HERR.[54]

Die Brücke, über die Missionare wie Richard Wilhelm von Europa nach China hinübergehen und in einer den chinesischen Traditionen kompatiblen Sprache die christliche Botschaft verkünden sollten – diese Brücke öffnete sich in Wilhelms Arbeiten einem lebhaften Gegenverkehr. Die vermeintliche koloniale Ausfuhrstraße erwies sich als postkolonialer Importweg. Was also bibelkundige Leser der Wilhelm'schen Übersetzung, Leser wie der junge Brecht, in einer ihnen vertrauten Sprache kennenlernen, das ist, ›Sie werden lachen: das Taoteking‹.

Mond und Lied und Litaipe

Von Beginn an ist der Taoismus eine Philosophie für Dichter gewesen. »Am Taoismus«, hat Elias Canetti bekannt, »hat mich immer angezogen, daß er die Verwandlung kennt und gutheißt, ohne zur Position des indischen oder europäischen Idealismus zu gelangen. [...] Er ist die Religion der Dichter, auch wenn sie es nicht wissen.«[55] Seit dem ersten Satz des Taoteking, wonach das sagbare Tao nicht das wirkliche und das wirkliche Tao nicht sagbar sei, haben die taoistischen Klassiker die Poesie als genuine und adäquateste Ausdrucksform taoistischer Metaphysik verstanden und praktiziert – angefangen mit den bilderreichen, nicht selten gereimten und deshalb eher wie Gedichte lesbaren Sprüchen des Taoteking selbst, dann in den

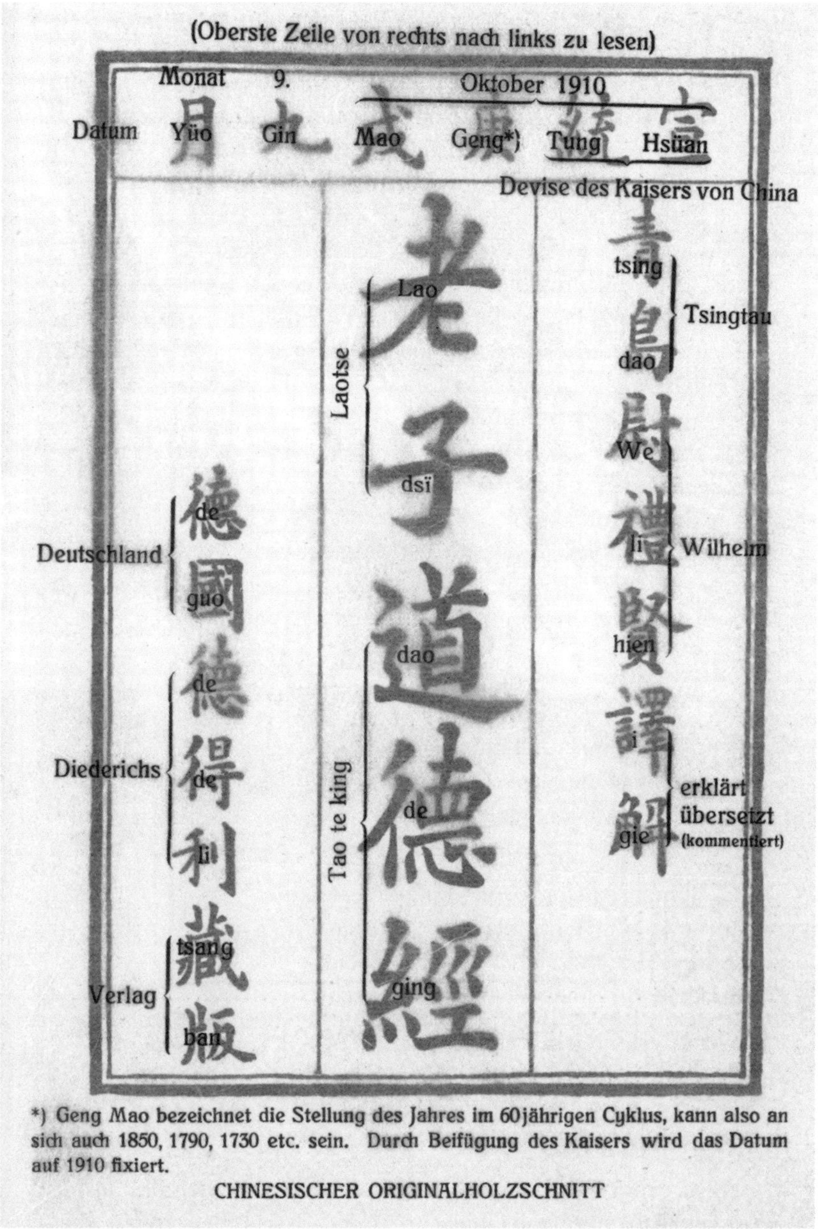

Laotse: Tao Te King. Das Buch des Alten vom Sinn des Lebens. Jena 1911. Chinesischer Holzschnitt auf dem Vorsatzpapier mit deutscher Transliteration auf darübergelegtem Seidenpapier.

Parabeln und Allegorien des *Dschuang Dsi* und des *Liä Dsi*, dieser taoistischen Klassiker. Aber auch in der vermeintlich profanen Lyrik der großen chinesischen Traditionen sind oft die Grenzen zur philosophischen Metaphysik gerade im Umkreis des Taoismus schwer zu bestimmen, so – um nur das bedeutendste und bis heute populärste Beispiel zu nennen – in den rauschhaften Nachtphantasien und Trinkliedern des genialen Litaipe (Li Bo, Li Po) im 8. Jahrhundert. Wirklich sind es nicht nur *Analogien*, aus denen die Nähe dieser Verse zu taoistischen Denk- und Sprechweisen sich ergibt, sondern auch *Genealogien*; Li war selbst im Umkreis taoistischer Gruppen aufgewachsen und hatte als Erwachsener die taoistischen Mönchsweihen empfangen. Was europäischen Lesern seiner Dichtungen als ekstatische Daseinsfeier erscheinen mag, als das Umschlagen jubelnder Selbstüberhöhung in visionäre Verschmelzungserfahrungen eines Eingehens ins Ganze: das hat seinen Ursprung in der Mystik des Laotse mit ihren Paradoxa von Handeln und Geschehenlassen, Selbstbehauptung und Selbstverlust im Strom des Tao.

In der bildkräftigen und musikalisch geschmeidigen Sprache des deutschen Expressionismus können diese Beschwörungen etwa so klingen:

Im Frühling

Wenn Leben innerer Träume Widerschein –
Wozu sich an die blasse Stirne schlagen?
Berauschen will ich mich an allen Tagen
Und schlafe trunken vor den Säulen ein.

Die Wimpern heb ich auf – und bin erwacht.
Ein Vogel singt in blühenden Geweben.
Ich frage ihn, in welcher Zeit wir leben.
Er sagt: da Frühling Vögel singen macht.

Erschüttert bin ich: wenn ich weinen geh.
Ich gieß den Becher voll. Die Lippe trinkt.
Ich singe laut, bis Mond im Blauen blinkt,
Vergesse Mond und Lied und Li-tai-pe.[56]

Der 1890 geborene Dichter Alfred Henschke, der sich das aus den Worten »Klabautermann« und »Vagabund« zusammengesetzte Pseudonym »Klabund« beigelegt hatte und unter diesem Pseudonym zu einem der Wortführer des Expressionismus geworden war, hat in diesen und anderen sehr freien Nachdichtungen zunächst den Litaipe und einige weitere chinesischen Lyriker, schließlich auch den Laotse selbst in ein verführerisch schönes Deutsch übertragen. Mit seiner 1915 in der »Insel«-Bücherei erschienenen Anthologie *Dumpfe Trommel und berauschtes Gong*, in der schon eine Auswahl aus den Gedichten des Litaipe enthalten war,[57] und dem 1916 folgenden Band *Li-tai-pe*[58] wurde der Nachdichter Klabund zu einem veritablen Bestsellerautor. Gerade weil es sich bei den (jeweils im Anhang aufgeführten) Vorlagen nicht um chinesische, sondern durchweg um ältere deutsche und französische Übersetzungen handelte und Klabund ausdrücklich nicht als sinologischer Gelehrter, sondern ganz als kongenial nachempfindender Poet auftrat, gewann er der chinesischen Lyrik in Deutschland mehr Leser als jeder Übersetzer vor und nach ihm. Durch ihn erst wurde Litaipe zum Zeitgenossen der Nietzsche-trunkenen Generation der deutschen Expressionisten. Und nicht nur der deutschen. Um dieser Verse willen, wird der dänische Schriftsteller Jacob Paludan 1933 den Helden seines Romans *Jørgen Stein* sagen lassen, sei es der Mühe wert gewesen, Deutsch zu lernen.[59] Klabund hat damit eine Ahnung dessen, was mit dem Namen »Tao« gemeint sein könnte, auch in solchen Lesern geweckt, denen dieser Name selbst fremd geblieben ist.

Der poetische Grundzug der lakonisch-bildhaften Sprache des Taoteking wie der leidenschaftlichen Lyrik von Ekstatikern wie Litaipe hat die europäische Rezeption des Taoismus von Beginn an nicht weniger bestimmt als die *interpretatio christiana*. Schon in Abel-Rémusats spekulativer Deutung lassen die Spruchdichtungen Laotses, in den dunklen Symbolen seiner Bildsprache wie in seinen funkelnden Paradoxien, so faszinierend fremdartige kulturelle Traditionen erkennen, dass sie einem der orthodoxen Dogmatik müden Europa neue Wege zum Heiligen, ja zum Heil zu öffnen versprechen. Ortho- und heterodoxe Lektüre liegen damit in der europäischen Laotse-Rezeption vom romantischen Beginn an so dicht beieinander wie philosophische und poetische Rezeption.

So setzt denn mit Richard Wilhelms gleichermaßen sinologischer und literarischer Großtat – dank ihrer effektvollen Umkehrung der christlich-taoistischen Analogiebildungen wie dank der poetischen Kraft ihrer zwischen Bibel und Goethe balancierenden Sprachkunst – unter deutschsprachigen Intellektuellen eine Laotse-Begeisterung ein, die alles Bisherige in den Schatten stellt. 1915 gibt der Südtiroler Dichter Carl Dallago[60] seine Version des Taoteking heraus; 1910 übersetzt und kommentiert Martin Buber Teile des *Dschuang Dsi* nach der englischen Übersetzung von Lionel Giles (1904, einer von wiederum zahlreichen englischen Übersetzungen);[61] auch Franz Kafka, Martin Heidegger, C. G. Jung, Ernst Bloch, Ernst Toller und andere studieren nun die Lehre vom Tao. Hermann Hesse, Sohn des christlichen Laotse-Deuters Johannes Hesse, entwirft in seinem Roman *Siddhartha* 1922 einen eigentümlichen Synkretismus aus christlichen, hinduistischen, buddhistischen und taoistischen Denkfiguren und Metaphern und verlässt den entlaufenen Jünger Buddhas am Ende gewissermaßen in der taoistischen Grundsituation am Ufer des strömenden Flusses, in dem er ein Bild des Kosmos und seiner selbst erkennt. 1926 wird Hermann Hesse rückblickend schreiben, außer Dostojewski habe auf »die vom Krieg aufgewühlte studierende Jugend Deutschlands [...] kein anderer Geist so stark gewirkt wie Laotse«.[62]

1920 dann erreicht die Bewegung ihren Höhepunkt. In diesem Jahr erscheinen gleichzeitig eine der wichtigsten religionssoziologischen Abhandlungen über Konfuzianismus und Taoismus und zwei sehr unterschiedliche Übersetzungen des Taoteking. Die eine, von Hertha Federmann bei Beck in München veröffentlicht, bietet eine gelehrte Philologenarbeit auf der Grundlage englischer Ausgaben und Übersetzungen; und sie zieht ausdrücklich die beiden anderen kanonischen Bücher des Taoismus, *Liä Dsi* und *Dschuang Dsi*, zum Verständnis des Laotse heran.[63] Die andere dagegen verfährt resolut unwissenschaftlich, poetisch, intuitiv – und sie hat Literaturgeschichte gemacht. In einem alles Bisherige überbietenden Schritt und mit allem ihm verfügbaren Pathos (und das ist nicht wenig) erhebt Klabund, der kongeniale Nachdichter, den »Alten Weisen« zum Stifter einer neuen, ausdrücklich postchristlichen Religion. Da hat die fach- und populärwissenschaftliche Rezeption sich vollends mit dem chiliastischen Furor und der Sprachgewalt der expressionistischen Generation verbunden zu einer neuen Heilslehre. Einer der Neugierigen, an denen diese Wendung nicht vorbeigeht, ist ein junger Dichter, der den deutschen Litaipe gelesen hat und sich in ebendiesen Tagen mit Klabund anfreundet. Er heißt Bertolt Brecht.

Den Himmel anschaun und sich treiben lassen

Bekanntlich wird Brechts im Svendborger Exil entstandenes Stück vom *Kaukasischen Kreidekreis* auf eine der chinesischen Nachdichtungen Klabunds zurückgreifen, etwa gleichzeitig mit der Niederschrift der

Klabund,
gezeichnet von
Max Oppenheimer
(MOPP)
um 1920

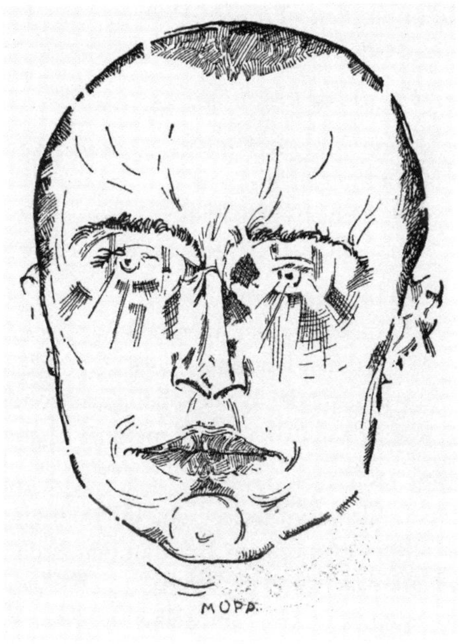

Laotse-Ballade.[64] Schon 1919/20 aber verdankt er ihm einige seiner wichtigsten frühen Begegnungen mit der chinesischen Poesie – und die erste Konfrontation mit einem zur poetischen Heilslehre überhöhten Taoismus. Klabunds *Nachwort* zu seinem deutschen *Li-tai-pe* gibt den Versen des heiligen Trinkers die Heiligenlegende gleich mit auf den Weg:

> Als ewig trunkener, ewig heiliger Wanderer wandert er durch die chinesische Welt. Kunstsinnige Herrscher beriefen den erlauchten Vagabunden an ihren Hof. [...] Er starb im Rausch, indem er bei einer nächtlichen Bootfahrt aus dem Kahne fiel. Die Legende läßt ihn von einem Delphin erretten, der ihn, während in den Lüften engelhafte Geister ihn betreuen, aufs Meer hinaus und in die Weite der Unsterblichkeit entführt.[65]

Und in zwei Strophen des anderen großen Lyrikers der kanonischen Tradition, die er seiner Litaipe-Auswahl wie einen Prolog voranstellt, lässt er die Gestalt des »ewig heiligen« Vaganten und seiner Poesie geradezu eins werden mit den Mächten des Kosmos und mit dem Tao selbst – eine gottgleiche Gestalt im taoistischen Bild des ewigen himmlischen »Tropfenfalls«, der mit der Schwäche seiner Verse stärker ist als Kaiser, Kampf und Krieg:

Thu-fu an Li-tai-pe

Man nennt dich unversiegbaren Tropfenfall
Himmelgleich –
Vor deiner Verse Hall
Zerspellt des Kriegers Speer, zerfällt des Kaisers Reich.

Du bist die Sonne, der wir im Zenit begegnen.
Du bist Gewitter, wenn die Wolke kracht.
Als Tränen läßt du deine Verse niederregnen –
Es liest sie der Unsterbliche im Mondschein bei der Nacht,
Lächelt und weint und meint, *Er* habe sie erdacht.[66]

Einen »Jünger des Tao« nennt Klabund sich schon im November 1918, mitten im weltgeschichtlichen Umbruch.[67] Ein Jahr später bezeichnet er in einem Brief an den Freund und Mitstreiter Hermann Hesse das Taoteking als das Buch, das »der Welt augenblicklich am meisten not täte«.[68] Im selben Jahr veröffentlicht er in der Zeitschrift *Der Revolutionär* den pazifistischen Aufruf *Hör' es Deutscher!* – die Verkündigung eines »heiligen Geist[es] des Tao [...], nach dem Du künftig leben [...] sollst«. Die politische und soziale Revolution, die das einschließt, soll beginnen als eine »Revolution des Herzens«, die weich sein soll wie das Wasser und nachgiebig wie das Wu-wei: »Das zarte Herz wird die härteste Herrschaft überwinden.«[69]

Gleichzeitig erhebt Klabund, in einem Band eigener Gedichte unter dem Titel *Dreiklang*, Laotse nicht nur vom Dichter-Philosophen zum Religionsstifter, sondern förmlich zu einer christomorphen Erlösergestalt. Wörtlich nimmt Klabund in diesem Band jene jüdisch-christliche Lektüre des Taoteking wieder auf, die seit den ersten Übersetzungen Abel-Rémusats zwar nie ganz in Vergessenheit geraten ist und durch Victor von Strauß ein eigentümliches Nachleben gehabt hat, die aber, und nun inmitten einer emphatisch postchristlichen Moderne, mit staunenerregender Emphase in aller Naivität des Anfangs wieder hervorbricht als »der heilige Dreiklang«:

I-hi-wei:
    Dies ist Je-ho-va
I-hi-wei:
    Dies ist die heilige Dreieinigkeit: Gottvater, Sohn und Heiliger Geist.[70]

Im Gegensatz zur hier zitierten Rezeptionstradition formt Klabund die alte *interpretatio Christiana* jetzt um in einen dezidiert postchristlichen Synkretismus, der als Überbietung aller christlichen Dogmatik auftritt:

> Drei sind auch der Göttermenschen, der Menschengötter, der Menschen, welche Gott geworden sind:
> Der Inder Buddha
> Der Jude Christus
> Der Chinese Laotse.
> Laotse aber ist der Erste unter ihnen.[71]

So wie dem Apostel Paulus zufolge »Glaube, Hoffnung, Liebe« bleiben, »diese drei, aber die Liebe ist die größte unter ihnen« (1 Kor 13,13). Unter den Lehren, die er dem so vergötterten »Göttermenschen« verdankt, ist ihm keine so wichtig wie die vom Wu-wei, der »Kraft der Schwäche«, jener Kraft Gottes also, die in den Schwachen mächtig ist:

> Wir wollen tun die Un-tat.
> Handeln – ohne Handlung.[72]

Das Wu-wei steht dann auch im Mittelpunkt von Klabunds taoistischer Version einer Heiligen Schrift, einer freien Bearbeitung der Übersetzung Richard Wilhelms. 1920 erscheint sie in Berlin, unter dem auf die katholisch-barocke Mystik des Angelus Silesius anspielenden Titel *Mensch / werde wesentlich. Laotse. Sprüche*. Und der Nachdichter versäumt nicht, im Nachwort auch die Legende von der Entstehung des Buches Taoteking auf dem Weg des Laotse in die Emigration neu zu erzählen.[73] Begünstigt durch die allgemeine Laotse-Neugier, aber gewiss auch durch den Bestsellererfolg der *Litaipe*-Gedichte, erreicht dieser Band schon 1921 eine zweite, 1922 dann die dritte Auflage.

Es ist dieser Klabund, mit dem sich der junge Brecht anfreundet – in ebenden Monaten, in denen dies geschrieben und gedruckt wird. Liest man seine eigenen Gedichte dieser Zeit im Kontext der Klabund'schen Gedichte und Nachdichtungen noch einmal, dann zeigt sich eine Nähe, die weit größer ist, als man das von diesem ungleich nüchterneren, kühleren, spöttischeren Autor erwarten würde. Manche seiner eigenen Verse hätten nur noch geringfügiger Modifikationen bedurft, um sich von selbst ins taoistische Modell zu fügen: das Aufgehen in einer apersonalen Allnatur ebenso wie die Bilder des fließenden

Wassers, die durch seine expressionistisch-vitalistische Dichtung der vorangegangenen Monate strömen.

Am deutlichsten tritt diese Affinität in der *Hauspostille* hervor. Von der neueren Brecht-Forschung ist sie einer aufschlussreichen Relektüre unterzogen worden, die vor allem die Ambivalenzen im Umgang mit der Religion differenziert herausgearbeitet hat. Zu ihren wichtigsten Einsichten gehört es, dass Brecht »nicht, wie immer wieder behauptet wird«, die Textformen der christlichen Tradition bloß »parodiert«, sondern dass er sie auf eine sehr unorthodoxe Weise »transformiert«.[74] Par-Odien sind sie im Wortsinn eines umdeutenden ›Gegen-Gesangs‹, nicht aber als einsinnige-polemische Persiflagen. Immer wieder kreisen diese auf christliche Vorstellungen und Sprachmuster zurückgreifenden und zugleich sich markant von ihnen absetzenden Gedichte um die Frage, wie man eins werden könne mit einem Kosmos, dessen wahre Beschaffenheit sich mitteilt im anfangs- und endlosen Strömen des fließenden Wassers.

»Ihre Seele ist wie Wasser«, sagt der Geistliche in Brechts Drama zu Baal;[75] und der Vergleich ist keineswegs beiläufig gewählt. Am Fluss lebt der Angeredete lange Zeit, als Lauf des Wassers begreift er die Welt, in ihn soll sein Ich einmünden. Namenlos vollzieht dieses Welt-Wesen sein Erlösungswerk an den Lebenden und den Toten, nimmt es sie auf in ein Strömen, das Leben und Tod umschließt. Keine Auferstehung mehr wird hier den Toten zuteil (wie überhaupt die monistische Welt dieser Texte keine Differenz von Diesseits und Jenseits kennt), aber etwas, das den vakant gewordenen Platz dieses Glaubensartikels einnimmt: das Eingehen ins Weltganze selbst. So im Lied vom ertrunkenen Mädchen, das Baal am Flussufer singt:

Als sie ertrunken war und hinunterschwamm
Von den Bächen in die größeren Flüsse
Schien der Opal des Himmels sehr wundersam
Als ob er die Leiche begütigen müsse.

[…]

Als ihr bleicher Leib im Wasser verfaulet war
Geschah es (sehr langsam) daß Gott sie allmählich vergaß
Erst ihr Gesicht, dann die Hände, und ganz zuletzt ihr Haar.
Dann ward sie Aas in Flüssen mit vielem Aas.[76]

Bezeichnend für die Affinität dieser Bilder zum taoistischen Geist einer Generation ist die umdeutende Verbindung des Sich-Auflösens mit dem Bild des sich bewegenden Wassers. Denn das bedürfte ja gar keiner Erwähnung mehr, wenn im letzten Vers die Ertrunkene ins allgemeine Aas eingegangen ist und lediglich ihr Verwesen zu konstatieren wäre. Erst indem auch das Aas-Werden ausdrücklich noch einmal »in Flüssen« lokalisiert wird (während das Meer, das nach »den Bächen« und den »größeren Flüssen« eigentlich zu erwarten wäre, gar nicht in den Blick kommt), verbindet es sich mit dem Bild des Strömens selbst, in dessen Bewegung die Tote nun eingeht. So wird »sie Aas *in Flüssen* mit vielem Aas«.

Nicht prinzipiell anders ergeht es, wenn sie nur wollen, den noch Lebenden. Auch sie, noch gebunden an die Grenzen eines individuellen Ich, können der Verschmelzungserfahrung teilhaftig werden (die auch hier durch die Erwähnung Gottes auf einen vertrauten religiösen Horizont bezogen und von ihm abgesetzt wird), zum Beispiel beim *Schwimmen in Flüssen und Seen*. Die Bedingung besteht aber auch hier im Verzicht auf das Tun, der als einzige Tat gefordert wird: im Nicht-Handeln, im tatenlosen Sich-treiben-Lassen. Das im Titel angekündigte »Schwimmen« besteht hier ausdrücklich gerade darin, »nicht schwimmen« zu wollen. Wer sich so verhält, wird vom Wasser getragen wie von einer Mutter:

> Natürlich muß man auf dem Rücken liegen
> So wie gewöhnlich. Und sich treiben lassen.
> Man muß nicht schwimmen, nein, nur so tun, als
> Gehöre man einfach zu Schottermassen.
>
> [...]
>
> Man soll den Himmel anschaun und so tun
> Als ob einen ein Weib trägt, und es stimmt.
> Ganz ohne großen Umtrieb, wie der liebe Gott tut,
> Wenn er am Abend noch in seinen Flüssen schwimmt.[77]

Auch hier, so hat Dirk von Petersdorff in einer scharfsinnigen Analyse dieses Gedichts bemerkt, vollzieht sich ein gegenüber der Überschrift überraschender »Ortswechsel vom See in die Bewegung eines Flusses«; auch hier kommt es nicht lediglich aufs Wasser als den Schauplatz eines Regressionserlebnisses an, sondern auf das weiche Wasser in Bewegung. Wiederum wird »der Himmel als Bezugspunkt der Einheitserfahrung genannt«, wiederum kommt mit der Erwähnung eines sehr handfest personal vorgestellten Gottes eine »Ironie ins Spiel«, die christliches Denken parodiert. Doch »die Ironie ist doppelbödig: Sie ist Negation eines Gesagten, bietet aber auch die Möglichkeit, etwas zu sagen, was sich distanzlos nicht mehr artikulieren ließe. So drückt die Vorstellung eines Gottes, der in den Flüssen schwimmt, eben auch etwas aus, was der Autor ganz ernst meint: Dass man in der Natur zu Erfahrungen gelangt, die einen metaphysischen Bereich öffnen.«[78] Trüge er einen neuen Namen, er könnte »Tao« heißen.

Im Jahr 1919 sind diese Gedichte entstanden, gleichzeitig mit Klabunds *Dreiklang* und vermutlich unabhängig von ihm. Und doch ist es ein so kleiner Schritt von ihrer vitalistischen Metaphysik des Sichtreiben-Lassens im Gottesfluss zur Wasser-Mystik und zum Wu-wei des Laotse, dass man schon hier eine Kenntnis taoistischen Denkens vermuten könnte. Der »vitalistische Monismus« (Petersdorff)[79] dieser Verse umschreibt, was der »entschiedene Monist« Laotse (Richard Wilhelm)[80] seinerseits in poetischen Bildern angedeutet hatte.

Und tatsächlich *war* Brecht mit taoistischem Gedankengut bereits vertraut, noch ehe er diesen Begriff kennenlernte und noch bevor er dem Laotse namentlich begegnete. Ein ebenfalls 1919 geschriebenes Gelegenheitsgedicht setzt die Lektüre von Klabunds Nachdichtungen des Litaipe voraus und tritt spielerisch in die dort vorgegebenen chinesischen Rollenmuster ein. Im Bezug auf Klabund wird da das amoralische Pathos der *Baals*-Gestalt formuliert als Haltung des ekstatischen taoistischen Lyrikers:

> Litaipee kann in siebzig Sprachen reden.
> Siebzig Teufel der Hölle können ihn nicht versuchen.
> Litaipee kann in siebzig Sprachen beten.
> In siebzig Sprachen kann Litaipee fluchen.[81]

Die vermeintlich flüchtige Spur, die hier zum ersten Mal wahrzunehmen ist, wird sich als erstaunlich dauerhaft erweisen. Wie sein Lehrer Laotse, so nämlich wird auch dieser wilde Litaipe in Brechts Exil-Dichtung wiederkehren – auch er als einer, der in die Emigration gehen muss. »Li-Po und Tu-Fu irrten durch Bürgerkriege«, heißt es da; und am Ende der über Villon bis zu Heine reichenden Reihe wird dann der Schreiber selbst stehen: »und so auch floh / Brecht unter das dänische Strohdach.«[82]

Diese 1934 geschriebenen Verse über *Die Auswanderung der Dichter* allerdings werden dann nicht in die *Svendborger Gedichte* aufgenommen werden; an ihre Stelle tritt das Gedicht über den *Besuch bei den verbannten Dichtern*, in dem Litaipe ersetzt ist durch seinen

Gefährten und Bewunderer Tu Fu. In den *Svendborger Gedichten* wird sich dann die Laotse-Ballade unter jener Kapitelüberschrift finden, die Brecht hier aus der frühen *Hauspostille* herbeizitiert hat und die am auffälligsten einen biblischen Ausdruck paraphrasierte: »Chroniken«. Schon die Chronik-Gedichte der *Hauspostille* tragen die Züge einer genuin taoistischen Poesie. Es fehlt eigentlich nur noch die Begegnung mit Laotse selbst, um dem einen Namen zu geben, was Brecht in seiner Dichtung schon zu umschreiben begonnen hat.

Das Grauen vor der Ordnung

Längst spielte das alles sich nicht mehr nur im Feld der allgemeinen Lebensfragen und Lebenslehren ab, der anti- oder postchristlichen Erlösungssehnsüchte. Denn mit der Revolution des Novembers 1918 und ihren Folgen war auch der deutsche ›Taoismus‹ ins Magnetfeld weitreichender politischer Auseinandersetzungen geraten.

Im Februar 1920 sah sich der Herzensrevolutionär Klabund abermals zu einer öffentlichen Stellungnahme gezwungen. Herausgefordert durch Angriffe in Franz Pfemferts expressionistischer Zeitschrift *Die Aktion*, antwortet er in einer Zeitschrift namens *Der Revolutionär*. Und da tritt sein so schwärmerisch erscheinender Taoismus vollends ein in eine weltanschauliche und politische Frontstellung:

> Ich bin, wie Sie wissen, Taoist, und mich trennt eine Welt vom Gedanken des Klassenkampfes, des Terrors und der Diktatur. Ich glaube nicht an eine sozialistische Welt, sondern nur an eine sozialistische Wirtschaftsanschauung. Wenn auch meine ganze Sympathie den revolutionären Arbeitern gehört, so bin ich doch Revolutionär der Seele oder glaube es wenigstens zu sein.[83]

Dass Taoist zu sein heiße, Klassenkampf, Terror und Diktatur als Mittel des sozialen Wandels abzulehnen, und zwar gerade aus Sympathie mit den revolutionären Arbeitern; dass dem Laotse zu folgen bedeute, den Sozialismus als eine Frage der Wirtschafts-, nicht aber der Weltordnung zu betrachten: das ist in diesen ersten Jahren nach der gescheiterten Revolution, auf diesem Höhepunkt der literarischen Laotse-Begeisterung, nicht nur die Meinung des Poeten Klabund. Sein neuer Freund wird ihm das aus tiefstem Herzen nachsprechen, gut ein halbes Jahr nach dem Artikel im *Revolutionär*.

Am 12. September 1920 besucht Bertolt Brecht in Berlin einen Vortrag des *Weltbühne*-Mitarbeiters Alfons Goldschmidt, eines erklärten Anhängers der bolschewistischen Revolution. An diesem Abend geht es um *Die Wirtschaftsorganisation in Sowjet-Rußland*.[84] Und was der neugierige Zuhörer dort erfährt, ist, seinem Tagebucheintrag zufolge,

> lauter abstrahiertes Zeug von Verbänden und Kontrollsystemen. Ich laufe bald wieder fort. Mir graut nicht vor der tatsächlich erreichten Unordnung dort, sondern vor der tatsächlich erreichten Ordnung. Ich bin jetzt sehr gegen den Bolschewismus: Allgemeine Dienstpflicht, Lebensmittelrationierung, Kontrolle, Durchstecherei, Günstlingswirtschaft. Außerdem, im günstigsten Fall: Balance, Uniformierung, Kompromiß. Ich danke für Obst und bitte um ein Auto.[85]

Wenige Tage später dann, unter dem 16.-21. September 1920, vermerkt Brecht im Tagebuch ein Gespräch mit seinem Berliner Freund und Gastgeber, dem Journalisten Frank Warschauer, das die Entgegensetzung von Fortschrittsdenken und Taoismus in frappierender Lakonie auf die Spitze treibt. Über Warschauer notiert Brecht da: »Er hat zuviel Ziel in sich, er wickelt in alle Verhältnisse Sinn, er glaubt an Fortschritt« – und fügt dann hinzu:

> Aber er zeigt mir Lao-tse, und der stimmt mit mir so sehr überein, daß er immerfort staunt.[86]

Kein Ziel, kein Sinn, kein Fortschritt – aber Laotse. Bemerkenswert an dieser Notiz ist nicht nur die Selbstverständlichkeit des Tons, die weniger eine neue Erkenntnis beschreibt als vielmehr ein Wiedererkennen von Haltungen, denen eigentlich nur noch ein Name gefehlt hat. Bemerkenswert ist auch die selbstbewusste Rangfolge, in der Brecht das Verhältnis zwischen dem alten Weisen und sich selbst formuliert. Wie Hans Christian Andersen nach der Enthüllung des Weimarer Goethe-Schiller-Denkmals in seinem Tagebuch vermerkt hat: »Schiller ähnelt mir« (und nicht etwa umgekehrt), so konstatiert Brecht: »Laotse [...] stimmt mit mir überein«.

Bemerkenswert ist aber vor allem die Übereinstimmung des schwärmerischen Klabund und des skeptischen Brecht, dieser beiden so entschieden antibürgerlichen Dichter, ausgerechnet in der Beurteilung der sozialistischen Geschichtsphilosophie und der sich auf sie berufenden revolutionären Umwälzungen. So wie für Klabund das

Bekenntnis als »Taoist« gleichbedeutend scheint mit der Feststellung: »und mich trennt eine Welt vom Gedanken des Klassenkampfes, des Terrors und der Diktatur«, so folgt für Brecht aus der Ablehnung der »Fortschritts«-Vorstellungen seines Freundes die Zustimmung zu »Laotse«. Und beide sprechen dabei vom Glauben – Warschauer, so spottet Brecht, »glaubt an Fortschritt«; und Klabund bekennt, er »glaube nicht an eine sozialistische Welt«. Diese politische Konsequenz der Übereinstimmung Brechts und Klabunds miteinander und mit Laotse: sie ist mehr als ein kontingenter Begleitumstand einer gemeinsamen metaphysischen Haltung. Sie markiert das Zentrum dessen, wofür der Name »Laotse« in dieser Zeit stand.

Die Verbindung von politischen und sozialen Ordnungs- oder Unordnungsvorstellungen mit Laotse und dem Taoismus ist keineswegs nur eine Privatvorstellung zweier literarischer Freunde. Sie ist auch Gegenstand einer grundlegenden sozialwissenschaftlichen Analyse, die im selben Jahr in Buchform erscheint. Während Klabund in Berlin den Taoismus als neue Erlösungsreligion verkündet und Brecht zuerst dem »Litaipe« und dann dem Laotse begegnet, arbeitet in Heidelberg der Soziologe Max Weber an seiner vergleichenden Untersuchung über Konfuzianismus und Taoismus. Im Rückblick liest sie sich wie ein zeitgenössischer Kommentar zu den hier rekonstruierten intellektuellen und diskursiven Bewegungen – analytisch distanziert und doch unterschwellig selbst so involviert in das Zeitgeschehen, dass aus ihr ein erhellendes Licht auf die Bewegungen des Zeitgeistes fällt, an dem Wilhelm und Klabund ebenso teilhaben wie Brecht und am Ende auch Weber selbst.

Schon seit 1913 hatte Weber, im Zusammenhang seiner Studien zur »Wirtschaftsethik der Weltreligionen«, an diesem Vorhaben gearbeitet; nach Unterbrechungen, Neuansätzen und Überarbeitungen während der Kriegsjahre und der unmittelbaren Nachkriegszeit (und nach entsprechenden Forschungen zu Buddhismus und Hinduismus) erschien es in ebenjenem Jahr 1920 in Buchform, in dem Klabund seinen expressionistisch umgedichteten Taoismus als neues Evangelium verkündete und Brecht bei Freund Warschauer das Taoteking las.[87] Ausdrücklich »*nicht* als Philosoph« wird die »halbmythische Gestalt« des Laotse hier in den Blick genommen, sondern »in seiner soziologischen Stellung und Wirkung«.[88] Aber immerhin schon in einer langen Anmerkung auf der ersten Textseite bemerkt er, nach Ausführungen zur Übersetzungsgeschichte von Strauß bis zu Wilhelm: »Die Beschäftigung mit Taoismus war neuerdings fast Mode.«[89] In einer Fußnote fügt Weber eigens hinzu, Laotse sei leider ein »man darf heut wohl sagen: *Mode*-Philosoph« geworden.

Aber auch wenn Weber selbst sich nachdrücklich von der Mode distanziert, so steht seine Studie dem Zeitgeist, dem sie entspringt, doch nicht ganz fern. Seine religionssoziologische Perspektive macht einiges von dem begreiflich, was den fernöstlichen Weisheitslehrer für deutsche Intellektuelle gerade dieser Zeit so anziehend gemacht haben muss; und sie entwirft zugleich eine Analyse dieser Affinität. Wie eine systematische Erläuterung dessen, was sich bei Klabund und Brecht abspielt, lesen sich manche dieser Passagen. Und das lohnt einen Seitenblick.

Was Weber schildert, läuft hinaus auf eine zunehmende Kontrastierung von »Konfuzianischer Lebensorientierung«[90] einerseits und Taoismus andererseits – als zwei ethischen und politischen Grundhaltungen, die einander gerade deshalb als »Orthodoxie und Heterodoxie (Taoismus)« gegenübertreten,[91] weil sie in ihren Ursprüngen und Grundzügen so deutlich übereingestimmt haben. Die »Grundkategorie: ›Tao‹, nach der sich später die Heterodoxie als ›Taoisten‹ von den Konfuzianern schied, war *beiden* Schulen, überhaupt: *allem* chinesischen Denken, dauernd gemeinsam«. Mehr noch: »›Tao‹ ist ein an sich orthodox konfuzianischer Begriff: die ewige Ordnung des Kosmos und zugleich dieser Ablauf selbst«.[92] Nur hat die konfuzianische Lehrmeinung aus dem Bild der kosmischen Ordnung Prinzipien einer gesellschaftlichen Praxis abgeleitet, die sich ganz auf die Stabilisierung familialer und staatlicher Strukturen ausrichtet und so den geradezu »verwaltungstechnische[n] Charakter des chinesischen Humanismus« begründet.[93] Stellung und Funktion dieser Techniker des Humanen resümiert Weber in einem Begriff, der als Kapitelüberschrift (des die Kontrastierung einleitenden 5. Kapitels) doppelt hervorgehoben ist: »Der Literatenstand«.[94] Ihm zählt sich auch Se Ma Tsien selbst zu, jener erste Erzähler der »Legende« vom Weg des Laotse in die Emigration, der aus gleichermaßen respektvoller und sympathisierender Distanz auf den taoistischen Emigranten blickt.[95]

Aus der so diesseits- wie staatsfrommen Ergebung dieser Herrschaftsschicht ins Bestehende, dessen Fortdauer unter allen Umständen zu sichern ist, löst sich der abtrünnige Taoismus heraus. Und das heißt in Webers Darstellung, die sich um der Wirkungsgeschichte willen bewusst an die personalisierende Darstellung der Legende anschließt:[96] Dem Gefährten Konfuzius tritt Laotse gegenüber und begibt sich von neuem, und als Einzelner, auf die »typische Gott-

Max Weber, gemalt von Marie Davids, undatiert

suche des Mystikers«.[97] Seine Frage nach dem Wesen des Tao, des »göttlich Alleine[n]«, richtet sich energisch über die vorfindliche moralische und gesellschaftliche Ordnung hinaus auf etwas, das nur in »eine[r] unio mystica« tatenloser Hingabe erreicht werden kann, »in der *apathischen* Ekstase, die ihnen charakteristisch, vielleicht durch Laotse geschaffen, war«.[98] Gegen das staatstragende »Schriftgelehrtentum« tritt damit das Verfahren einer »streng individualistischen Selbsterlösung«.[99]

Wo also der eine ganz auf die gerechte Gestaltung der sozialen Welt zielt, wie sie ihm in Staat und Gesellschaft alltäglich begegnet, da steigert nun der andere seine »absolute Entleerung des eigenen Ich von Weltinteressen und Leidenschaften bis zu völliger Nichttätigkeit«, also (wie Weber selbst erläuternd hinzufügt) dem »Wu-wei« – steigert sie so weit, dass es zur »völligen Entwertung der innerweltlichen Kultur« kommt.[100] Damit stehen nun zwischen Konfuzianismus und Taoismus nicht mehr nur Unterschiede der weltanschaulichen Akzentuierungen in Rede, sondern Ortho- und Heterodoxie auch des politischen Denkens. Was sich am Fall des Taoismus für Weber studieren lässt, das sind mithin die »Konsequenzen der Mystik [...] für die *politischen* Ideale. Auf der einen Seite« – in der konfuzianischen Lehre und Praxis – findet sich da »der Zug zum Zentralismus des rational von Beamten regierten Wohlfahrtsstaates«, diejenige Haltung also, die Weber jetzt abermals ausdrücklich »den rationalistischen Literaten« zuordnet. »Auf der andern Seite die möglichste Autonomie und Autarkie der einzelnen Staatsteile als kleiner Gemeinwesen [...], und daher die Parole: möglichst *wenig* Bureaukratie [...].«[101]

Brecht, in dessen Arbeitszimmer zeitweise ein Porträt des Konfuzius hing[102] und der diesen Humanisten um seiner Suche nach sozialer Gerechtigkeit willen verehrt hat – derselbe Brecht hat im Erscheinungsjahr von Webers Buch ebendiese taoistischen Ziele gegen das Sowjetsystem geltend gemacht, von dessen politischen Idealen ihn »rationalistische Literaten« wie der tapfere Propagandist Goldschmidt überzeugen wollten: gegen die furchterregende Ordnung »von Verbänden und Kontrollsystemen«, die Herrschaft von »Kontrolle, [...] Uniformierung, Kompromiß«. Und als habe Webers Studie nicht bloß eine lange zurückliegende Auseinandersetzung im alten China beschreiben wollen, sondern seine und Klabunds (und der anderen Anhänger des neuen »Mode-Philosophen«) Gegenbewegung gleich mit, setzt sie dem politischen Ordnungssystem der konfuzianischen Herrschaft den »Taoismus« als diejenige Bewegung entgegen, der es eben *nicht* mehr um eine »auf die Beherrschung und Ordnung des realen Lebens gerichtete Sozialethik« gegangen sei, sondern förmlich um »Ansätze zu prinzipiellem Apolitismus«.[103] Damit ergibt sich die Anwendung von Webers historischem Exempel auf die Situation der deutschsprachigen Intellektuellen zwischen 1913 und 1920, den Jahren der Entstehung von Webers Studie, derart von selbst, dass sie passagenweise wie ein absichtsvoller Kommentar dazu erscheint.[104]

Von hier an werden sich in Brechts Denken die Beziehungen zwischen Konfuzianismus und Taoismus auf denselben Konfliktlinien bewegen, die Max Webers soziologische Studie vorgezeichnet hat (von der Brecht selbst offenbar so wenig Kenntnis genommen hat wie umgekehrt Weber von ihm). Sie rückt vor allem das Verhältnis von Brechts Beschäftigung mit dem Taoismus und seinem Interesse am Konfuzianismus in eine schärfere Beleuchtung. Beide chinesischen Traditionen bilden auch in seinem Werk über lange Zeit hinweg ein kontinuierliches Gegensatzpaar; nach und nach tritt dann der Mohismus, die Lehre des Mê-ti (Mo Di), mit seiner an sozialistische Vorstellungen leicht anschließbaren Sozialethik vermittelnd hinzu. In seinen Auseinandersetzungen mit der Staatsgläubigkeit des Konfuzianismus verhandelt Brecht immer wieder, in der *Maßnahme* wie im *Guten Menschen von Sezuan*, sein Verhältnis zu gesellschaftlichen Ordnungen und »Kontrollsystemen« jeder Art, vor- wie postrevolutionären, und mit durchaus wechselnden Bewertungen. Mit dem Taoismus hingegen verbinden sich für ihn jene vitalistischen, metaphysisch-naturmystischen Themen und Schreibweisen, die sich von seinem Frühwerk aus weit bis in die Exilzeit fortsetzen, und deren (wiederum je nach den wechselnden Bewertungen) Verheißungen oder Versuchungen eines »prinzipiellen Apolitismus«. Für eine dauerhafte und stabile Bekehrung zum Marxismus sind das bedenkliche Auspizien.

Im September des Jahres 1920 ist davon noch nichts zu sehen. Dafür aber ist Brecht in ebendiesen Tagen, unmittelbar vor dem Gespräch mit Warschauer noch einem zweiten Dichter begegnet, der ihm zeigt, wie sich aus der Lehre Laotses eine im emphatischen Sinne moderne Poesie gewinnen ließe. Genau das hat ihm in diesem Augenblick noch gefehlt.

Döblin und das Tao in Berlin

Im selben Monat, in dem er aus Goldschmidts Vortrag über die Sowjetunion flüchtet und in Laotse seinesgleichen erkennt, liest Brecht in wenigen Tagen einen Roman, der zu den avantgardistischen Experimenten der expressionistischen Literatur gehört: Alfred Döblins *Die drei Sprünge des Wang-lun* (entstanden 1912/13, erschienen 1915).[105] Als hätte es eine heimliche Verabredung unter den deutschen Intellektuellen gegeben, geht es auch hier, vom Titel angefangen, um die Lehre vom Wu-wei und dem Lauf des Wassers. Nun aber ist der Taoismus nicht mehr nur Thema, nun wird er auch als Prinzip einer neuartigen Poetik formuliert. Döblins Roman inszeniert sich von der ersten Seite an als ein taoistisches Buch; und *als* ein solches wird er zum avantgardistischen Experiment. Döblins *Wang-lun* unternimmt nicht weniger als den epochalen Versuch, die Prinzipien des taoistischen Denkens in die Verfahren einer neuartigen Erzählkunst zu überführen. So wird er zu einem »Meilenstein der literarischen China-Rezeption«[106] und zum überragenden Beispiel expressionistischer Epik zugleich.[107] Erstmals ist es hier »einem deutschen Autor gelungen, sich literarisch mit der taoistischen Lehre auseinanderzusetzen«, auf der Höhe der sinologischen Kenntnisse und mit einer beispiellosen erzählerischen Energie.[108]

Am 15. September 1920, genau zwischen dem Goldschmidt-Vortrag und dem Gespräch mit Warschauer, liest Brecht dieses Buch. In der Tat: »no sooner had Brecht read *Die drei Sprünge des Wang-lun* than he began to immerse himself in the Taoist philosophy which that book exudes, to the point of identifying himself with the teachings of Wang-lun's spiritual mentor, Lao-tse.«[109] Im Tagebuch vermerkt er seine Begeisterung über dieses Buch und fügt eine Bemerkung hinzu, die beides, Thema und Schreibverfahren, in eine Formel zusammenzieht:

> Es ist eine große Kraft drinnen, alle Dinge sind in Bewegung gebracht [...]. Technisch ergriff mich unerhört stark die Kultur des Zeitworts. Das Zeitwort war meine schwächste Seite, ich doktere daran geraume Zeit herum [...]. Davon profitiere ich jetzt enorm.[110]

Für das Verhältnis Bertolt Brechts zu Laotse ist es von einer nicht leicht zu überschätzenden Bedeutung, dass er dessen Lehren annähernd gleichzeitig in den Nachdichtungen Klabunds und in dessen literarisch avanciertester moderner Adaptation kennengelernt hat – und dann, unmittelbar darauf und unter diesen Voraussetzungen, im Taoteking selbst. Döblins Roman aus dem späten wilhelminischen Kaiserreich bildet das umfangreichste und komplexeste Dokument jener zivilisationskritisch-vitalistischen Taoismus-Rezeption, die Max Weber so anschaulich beschrieben hat. Döblins taoistischer Held und die von ihm geführte heterodoxe Bewegung (die dem historischen Vorbild einer Rebellion im 18. Jahrhundert nachgestaltet sind) begehren auf gegen die erstarrte und repressive Ordnung des konfuzianischen Kaiserreichs. An ihm gehen sie zugrunde, und ihm gegenüber erweisen sie sich im Scheitern als die eigentlichen Sieger.

So kenntnisreich und umsichtig Döblin sich dazu die kultur- und religionsgeschichtlichen Kenntnisse angeeignet hatte, die ihm eine rasch fortschreitende sinologische Forschung zur Verfügung stellte,[111] so unaufhaltsam gleitet auch *seine* Darstellung immer wieder hinüber in die christlichen Muster der romantischen wie der neuromantischen Laotse-Rezeption. Da wird (und es fällt schwer zu entscheiden, was daran bewusste Absicht, was unwillkürliche Gleichsetzung ist) die Aussendung der taoistischen Sendboten der Aussendungsrede Jesu an die Jünger nachgebildet, die Lehre von der Nachgiebigkeit in unübersehbare Analogien zur Bergpredigt gebracht und endlich der zum

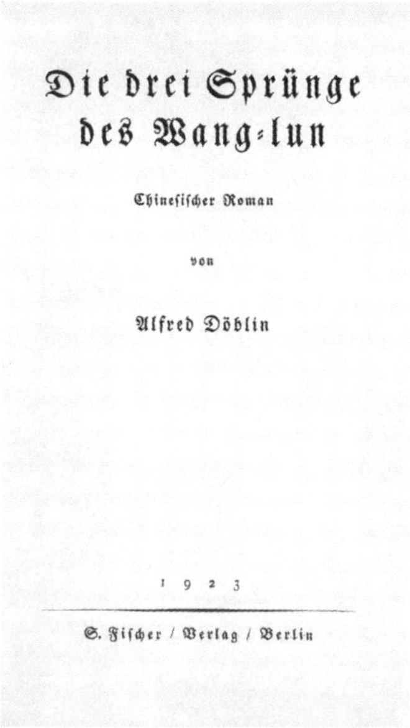

Alfred Döblins »Die drei Sprünge des Wang-lun«, Einband und Innentitel.

Selbstopfer führende Gewaltverzicht Wang-luns und seiner Anhänger verbunden mit dem Modell der christlichen Passionsgeschichte.

Was Brecht bei Döblin finden kann, ist also zunächst nur eine weitere Auseinandersetzung mit dem Taoismus, deren Grundzüge dem zeittypischen Schema durchaus entsprechen. Anders aber als in den Versen Klabunds werden in diesem Epos die Verhältnisse von religiösen und philosophischen Überlieferungen, Geschichte und Metaphysik in subtilster Differenzierung sprachlich reflektiert. Und auch die Beziehung zu den Problemen der Revolution und der nachrevolutionären Ordnungssysteme, die dort erst durch öffentliche Stellungnahmen hergestellt werden musste, ergibt sich hier ganz von selbst.

Erst Döblin lässt Brecht erkennen, wovon die forcierte Weltanschauungsdichtung Klabunds nur eine vage Ahnung gibt: wie sich taoistisches Denken überführen ließe in ästhetische Praxis, wie diese Philosophie ihren adäquaten Ausdruck finden könnte in der Poesie. Mit anderen Worten: Erst hier vollzieht sich die Auseinandersetzung mit dem Taoismus als eine zugleich philosophische, politische und ästhetische Denk- und Schreibbewegung. Darum muss, wer das Verhältnis Brechts zu Laotse verstehen will, auch Döblins *Wang-lun* in den Blick nehmen – und die in ihm aufgerufenen taoistischen Texte.

Alfred Döblin, Ölporträt von Ernst Ludwig Kirchner, um 1912

Ausdrücklich gewidmet ist der Roman dem (neben dem Taoteking und dem *Dschuang Dsi*) dritten der taoistischen Klassiker: dem *Liä Dsi*. Das unter seinem Namen tradierte *Wahre Buch vom quellenden Urgrund* hat Döblin in Richard Wilhelms Übersetzung gelesen, im selben Jahr 1912, an dessen Beginn der endgültige Zusammenbruch des chinesischen Kaisertums gestanden hatte. Schon diese Rezeptionsbedingungen fügen der Lektüre eine politische Dimension hinzu, die für den entstehenden Roman Bedeutung erlangen wird.

Liä Dsi, »Meister Liä«, ist hier nicht der Name des Verfassers, sondern derjenige einer häufig auftretenden Gestalt dieses anonymen Sammelwerks taoistischer Anekdoten, Apophthegmata und Lehrgespräche, des Liä Yü Kou. Neben ihm erscheinen sein Antipode Yang Dschu und andere Weise der chinesischen Tradition, vor allem Konfuzius und Laotse. Wenn in einer dieser Geschichten etwa Konfuzius die ehrfürchtige Frage eines Bewunderers, ob er womöglich ein Heiliger sei, zurückweist (»Ein Heiliger! Wie könnte ich mich das unterstehen!«), dann weist er von sich fort auf jenen anderen hin, der nach Westen gegangen sei und zu dessen eigentümlicher Heiligkeit es gehöre, dass man nicht einmal Namen für ihn wisse:

> [Konfuzius:] »Unter den Leuten der Westgegend, da gibt es ja wohl einen Heiligen. Er ordnet nichts, und doch ist nichts verwirrt, er redet nichts, und alles glaubt von selber, er bessert nichts, und alles geht von selber. Unbegreiflich ist er! Und die Leute finden keinen Namen für ihn. Ich vermute, der ist wohl heilig.«[112]

Wahre Heiligkeit als Namenlosigkeit, wirksames Tun durch Nicht-Handeln, Lehren ohne Reden: in der Wahrnehmung des Konfuzius verkörpert Laotse (der hier zumeist unter der Namensvariante »Lau Dan« erscheint) selbst, was er als das Tao lehrt. Auch dass er »nach Westen« geht, dass er sich den Leuten durch die Emigration entzieht, entspricht dieser Praxis. Deren metaphysische Prinzipien erläutert der emigrierende Weise denn auch bei dieser Gelegenheit noch einmal, wie Meister Yin Wen sich erinnert:

> Als vor Zeiten Lau Dan nach Westen ging, wandte er sich zu mir und sprach: »Die Kraft, die zu Zeugungen führt, die Form, die zu Gestaltungen führt, sind beide nur Schein.«[113]

In einer Reihe von Geschichten des *Liä Dsi* tritt der legendäre Grenzwärter Yin Hi,[114] der dem in die Emigration gehenden Heiligen sein Buch abverlangt hat, selbst auf. Vom Schüler des Laotse, dem er das Taoteking abverlangt hat, ist er nun selbst zum taoistischen Lehrer geworden; ihm obliegt es hier darum, Laotses Gleichnis vom fließenden Wasser auszusprechen:

> [Yin Hi:] »Wer nicht an seinem Eigenen haftet, dem gibt sich die Leiblichkeit und die Außenwelt kund. In seinen Handlungen ist er[115] wie das Wasser.«[116]

Das Bild vom weichen Wasser, das mit der Zeit den mächtigen Stein besiegt, wird nun in Döblins Roman mit seinen immer weiter ausgreifenden Reflexionen des »heimischen alten Tao«[117] zum wichtigsten Leitmotiv. In ihm veranschaulicht sich auch hier jenes Prinzip, um das in Ablehnung, Zweifel und schließlich emphatischer Unterwerfung Wang-luns Denken und Reden immerfort kreist: das »Wu-wei«, das »Nicht-Widerstreben«. Dies ist der erste und der letzte Schluss von Wang-luns Weisheit: »daß nur eins hilft gegen das Schicksal: nicht widerstreben. [...] Nicht handeln; wie das weiße Wasser schwach und folgsam sein«.[118] Nach allen Wirren, die ihn durch unterschiedliche Formen aktiven und passiven Widerstandes geführt haben, findet er am Ende, mit seinem »dritten Sprung«, geläutert zu diesen Grundgedanken zurück:

> Das wußten schon die grauen Alten, von denen man spricht. Schwach sein, ertragen, sich fügen hieße der reine Weg. In die Schläge des Schicksals sich finden hieße der reine Weg. Angeschmiegt an die Ereignisse, Wasser an Wasser, angeschmiegt an die Flüsse, das Land, die Luft, immer Bruder und Schwester, Liebe hieße der reine Weg.[119]

Mit Sätzen wie diesen ist nun bei Döblin aus der philosophisch begründeten Lebensweisheit vollends eine auch politische Maxime geworden. Sie beruht auf derselben Erfahrung, die Laotse im 29. Spruch des Taoteking formuliert hat: »Die Welt erobern wollen durch Handeln: / Ich habe erlebt, daß das mißlingt.« Diese Verse, so hat Walter Muschg gezeigt, bezeichnen das gedankliche Zentrum des Romans.[120] Die entscheidende Gestalt auch für Döblins dem Liä Dsi gewidmeten Roman ist Laotse, seine wichtigste Quelle das Buch Taoteking.

Döblins feierliche Widmung seines Romans an den legendenhaften Liä Dsi lohnt dennoch einen genaueren Blick. Denn was hier formuliert wird, ist nicht nur die Poetik des Romans, sondern selbst schon ein instruktives Beispiel für diese neue Erzähltechnik. Vom ersten Satz an stehen Weltsicht und Schreibverfahren in einem Verhältnis wechselseitiger Bedingtheit. Anhand einer Gegenwartsszenerie, die zugleich die Schreibsituation bezeichnet, proklamiert Döblin das Gemeinte, indem er es exemplifiziert. Eben deshalb fungiert der Taoismus, auf den dieser Text zuläuft, diesmal keineswegs als prinzipiell austauschbare Draperie einer irgendwie ›ganzheitlichen‹ Weltsicht, sondern wird gegenüber den modischen Stereotypen des orientalistischen Zeitgeistes wirkungsvoll entautomatisiert und aktualisiert.

»Es ist eine große Kraft drinnen, alle Dinge sind in Bewegung gebracht«, hat Brecht über Döblins Buch notiert. Es ist dieselbe Kraft, die sich in seiner taoistischen Ballade dann in der Wendung vom »weichen Wasser in Bewegung« fortsetzen wird. Wer etwas davon spüren will, findet ein eindringliches Beispiel in der prologartigen »Zueignung«, an deren Ende die Widmung an Liä Dsi steht:

> Daß ich nicht vergesse –
> Ein sanfter Pfiff von der Straße herauf. Metallisches Anlaufen, Schnurren, Knistern. Ein Schlag gegen meinen knöchernen Federhalter.

Daß ich nicht vergesse –
Was denn?
Ich will das Fenster schließen.
Die Straßen haben sonderbare Stimmen in den letzten Jahren bekommen. Ein Rost ist unter die Steine gespannt; an jeder Stange baumeln meterdicke Glasscherben, grollende Eisenplatten, echokäuende Mannesmannröhren. Ein Bummern, Durcheinanderpoltern aus Holz, Mammutschlünden, gepreßter Luft, Geröll. Ein elektrisches Flöten schienenentlang. Motorkeuchende Wagen segeln auf die Seite gelegt über den Asphalt; meine Türen schüttern. Die milchweißen Bogenlampen prasseln massive Strahlen gegen die Scheiben, laden Fuder Licht in meinem Zimmer ab.
Ich tadle das verwirrende Vibrieren nicht. Nur finde ich mich nicht zurecht.
Ich weiß nicht, wessen Stimmen das sind, wessen Seele solch tausendtönniges Gewölbe von Resonanz braucht.
Diese himmlischen Taubenflüge der Aeroplane.
Diese schlüpfenden Kamine unter dem Boden.
Dieses Blitzen von Worten über hundert Meilen:
Wem dient es?
Die Menschen auf dem Trottoir kenne ich doch. Ihre Telefunken sind neu. Die Grimassen der Habgier, die feindliche Sattheit des bläulich rasierten Kinns, die dünne Schnüffelnase der Geilheit, die Roheit, an deren Geleeblut das Herz sich klein puppert, der wässerige Hundeblick der Ehrsucht, ihre Kehlen haben die Jahrhunderte durchkläfft und sie angefüllt mit – Fortschritt.
O, ich kenne das. Ich, vom Wind gestriegelt.
Daß ich nicht vergesse –
Im Leben dieser Erde sind zweitausend Jahre ein Jahr.[121]
Gewinnen, Erobern; ein alter Mann sprach: »Wir gehen und wissen nicht wohin. Wir bleiben und wissen nicht wo. Wir essen und wissen nicht warum. Das alles ist die starke Lebenskraft von Himmel und Erde: wer kann da sprechen von Gewinnen, Besitzen?«
Ich will ihm opfern hinter meinem Fenster, dem weisen alten Manne
Liä Dsi
mit diesem ohnmächtigen Buch.[122]

Erst von der so suggestiv evozierten Gegenwartserfahrung aus geht Döblins historischer Roman dann zurück in die Tiefen der Zeit und erzählt die Geschichte des Aufstandes, in dem Wang-lun vom Lehrling des Taoismus zum Vertreter der gewaltsamen revolutionären Tat und endlich wiederum zum Jünger des Wu-wei wird, der mit den Seinen lieber den Tod erleidet, als zu töten.

Die von Döblin zitierten Worte des »alten Mannes« finden sich gleich im ersten der acht Bücher des *Liä Dsi*,[123] und der sie spricht, ist weder Liä Dsi selbst noch der »Alte Weise«, sondern der weise Dscheng. Der antwortet auf die Frage des wissbegierigen Herrschers Schun, ob man sich »den Sinn des Weltgeschehens zu eigen machen« könne, dass doch nicht einmal der eigene Leib dem Menschen wirklich gehöre:

> Darum: wir gehen und wissen nicht wohin, wir bleiben, und wissen nicht wo, wir essen und wissen nicht warum: das alles ist die starke Lebenskraft von Himmel und Erde: wer kann die sich zu eigen machen?[124]

Auffallend ist, wie Döblin diese Pointe verändert. Die allgemeine Frage Schuns nach der Verfügbarkeit der Welt, ja schon des eigenen Körpers, richtet er 1915 auf spezifisch *ökonomische* Verhältnisse aus: »wer kann da sprechen von Gewinnen, Besitzen?«

Das also hat Brecht gelesen, wenige Tage bevor Frank Warschauer ihn mit dem Taoteking konfrontierte: ›taoistische‹ Prosa, geschrieben inmitten der modernen Metropole und über sie, und zugleich aus der blicköffnenden Distanz einer chinesischen Geschichte. Dem Taoismus begegnete er hier in einer doppelten Akzentuierung der metaphysischen *und* der daraus abgeleiteten gesellschaftskritischen, bei Döblin explizit kapitalismuskritischen Aspekte. Und er hat in Döblins expressiver Beschwörung des modernen Alltags, diesem ersten Beispiel futuristischen Schreibens in der deutschen Literatur,[125] den Taoismus als eine Welt-*Anschauung* im Wortsinne demonstriert gefunden, die den erregenden Erfahrungen der Großstadt, der neuen Techniken, Medien, Produktionsformen Zusammenhang zu geben vermochte. Mannesmannröhren und Presslufthämmer, elektrische Straßenbahnen, Aeroplane und Telefunkenapparate, Bogenlampen und Asphalt: dies alles wird hier erlebt und sprachlich vergegenwärtigt als Teil einer überwältigenden kosmischen Dynamik, wird bis in die stilistische Nuance hinein aufgelöst in reine, alle Sinne zugleich ergreifende und durchströmende Bewegung. Döblins Prosa macht so zur Leseerfahrung, worauf die für sich genommen abstrakte Rede von der »starken Lebenskraft von Himmel und Erde« zielt: eine ermutigende (auch politisch ermutigende) »Offenbarung der unsichtbaren Welt« im Herzen der technisch-industriellen Revolution. Das Tao in Berlin.

Der Streit der Welt und die höflichen Chinesen

Laotse, Döblin, Klabund: Um die Reichweite dieser Lektüren zu erfassen, muss man sich noch einmal den geschichtlichen Augenblick vor Augen halten, in dem sie stattfinden. Im Jahr 1920, in den Nachwehen der revolutionären Ereignisse von 1918/19, hat die deutsche Laotse-Rezeption vor allem unter den jungen Dichtern und Akademikern ihren Höhepunkt erreicht. Klabunds Nachdichtung hat, zusammen mit seiner unmittelbar vorausgegangenen religiösen Stilisierung des Lehrers zum Heilsvermittler, die konsequenteste weltanschauliche Ausprägung eines »Taoismus« in der deutschen Moderne formuliert. In ihr konvergieren Klabunds eigene Nachdichtungen der Lyrik des Litaipe, die sinologisch und religionsgeschichtlich interessierten Übersetzungen Richard Wilhelms, die futuristischen Schreibexperimente Alfred Döblins in seinem »taoistischen« Roman und die Ekstasen zeitweiliger Laotse-Anhänger wie Hermann Hesse.[126] Die im selben Jahr erscheinende Studie Max Webers über Taoismus und Konfuzianismus kommentiert dieses intellektuelle Geschehen nicht nur aus demonstrativer sozialwissenschaftlicher Distanz, sondern hat an den zivilisationskritischen Prämissen, aus denen heraus der Taoismus zur Modephilosophie werden konnte, selbst doch sichtlich Anteil; seine Sympathie mit der taoistischen »Heterodoxie« gegenüber der erstarrten Schriftgelehrsamkeit eines »Literatenstandes« ist unverkennbar.

Die neue, exotische Modephilosophie aber bewegt sich von Beginn an eben zugleich auf irritierende Weise in den vertrauten Denk- und Sprachformen der Luther-Bibel, greift sie auf und formt sie verfremdend um. In dem Maße, in dem »der junge Brecht und die Bibel« noch weit über Brechts Abwendung vom Kindheit und Jugend bestimmenden Christentum hinaus zusammengehören[127] – in ebendiesem Maße tritt das taoistische Denken und Dichten in die heimatlos gewordenen Sprachformen ein und gibt ihnen einen neuen metaphysischen Zusammenhang. Dessen christliche Imprägnierungen reichen tiefer, als es den Anschein haben kann. Und es befördert und ermöglicht notabene auch eine neue poetische Produktivität.

Mit anderen Worten: Das Jahr 1920 ist für Brecht der geradezu ideale Augenblick für eine emphatische Lektüre des Laotse. Und das gilt auch umgekehrt: Der zweiundzwanzigjährige, seiner christlichen Sozialisation entlaufene Bibelleser, der Dichter des *Baal* und der *Hauspostille*, dieser anarchische Individualist und Ekstatiker, der die bürgerliche Konvention verabscheut und die bürokratischen Ordnungen der postrevolutionären Sowjetunion fürchtet, dieser Leser von Klabunds *Li-tai-pe* und Döblins *Wang-lun*, dessen Erlösungshoffnungen sich auf die ziehenden Wolken und das fließende Wasser richten – dieser Brecht ist jetzt der ideale Leser des Laotse. Es hätte keinen besseren Zeitpunkt für diese Begegnung geben können als jenen September 1920, in dem er sein irritierendes kleines »aber« notiert.

Und deshalb bleibt Laotse ihm gegenwärtig, auch wenn die Zeiten, sein Denken und Schreiben sich wandeln. Von 1919/20 an hat sich Brecht immer wieder, und in unterschiedlichsten Zusammenhängen, stets aber zustimmend auf taoistische Gedanken, Begriffe und Bilder bezogen – und zwar auch in Dichtungen, die mit China im übrigen gar nichts zu tun haben.[128] So erfährt man *Im Dickicht der Städte* 1923,[129] »dass die schwachen Wasser es mit ganzen Gebirgen aufnehmen«. Hoffnungen, so heißt es in einem Anfang 1932 entstandenen Kommentar zu dem Stück *Die Mutter*, sind »ebenso unbezwingbar, wie sie unscheinbar sind, und auf die Dauer müssen sie siegen, wie das unaufhörliche Wasser der Bäche den Felsen unterhöhlt, der ihm im Wege steht«.[130] Dabei können taoistische und christliche Wendungen und Bilder immer wieder Verbindungen eingehen, die in Anbetracht ihrer gemeinsamen Vorgeschichte nicht mehr ganz so überraschend erscheinen. Im *Leben des Galilei* (dessen erste Fassung Brecht im selben Jahr in Angriff nimmt, in dem auch das Laotse-Gedicht entsteht) wird »Ein wunderschöner Spruch« zitiert: »›Wenn ich schwach bin, da bin ich stark.‹« Antony Tatlow hat darauf aufmerksam gemacht, dass hier Döblins *Wang-lun* paraphrasiert wird. »Übe dich im Schwachsein«, hieß es da, »so bist du stark.«[131] Allerdings handelt es sich bei Brechts Spruch zugleich um ein wörtliches Zitat aus dem 2. Brief des Apostels Paulus an die Korinther. Brecht brauchte es in Döblins christlich-taoistischer Amalgamierung lediglich als chinesische Weisheit wiederzuentdecken: »denn wenn ich schwach bin, so bin ich stark.«[132] Aber eben *dass* hier die Quellenfrage nicht eindeutig entscheidbar ist: das zeigt schlaglichtartig, wie konsequent bei Brecht wie bei Döblin der Taoismus noch immer im Horizont des Christentums wahrgenommen wird – als dessen Antagonismus und Analogie gleichermaßen.

Wie aber das Beispiel des doppelt codierten Zitats ebenfalls schlaglichtartig zeigt, fällt es in vielen Texten Brechts zunehmend schwer, die im engeren Sinne taoistischen Bild- und Gedankenfügungen trennscharf abzugrenzen von verwandten, aber nicht mehr eindeutig

Bertolt Brecht, Fotografie von Konrad Reßler, 1927

auf das Taoteking und andere kanonische Texte des Taoismus zurückführbare Denkfiguren. Das gilt, wie gesehen, für die Übergänge von den dort bevorzugten Paradoxien, in denen Gegensätze dynamisiert werden, zu einem historisch-dialektischen Denken einerseits und zu christlichen Vorstellungen andererseits. Das gilt aber auch für so umfassende Bildfelder wie die Kontrastierung von »Biegen« und »Brechen«, deren wahrhaft weltumspannende Reichweite die komparatistische Studie Albrecht Schönes unter anderem am Brecht'schen Beispiel demonstriert hat. Wenn der späte Brecht 1953 in den *Buckower Elegien*, in einem postum veröffentlichten Gedicht, die schädliche Härte des »Eisernen« und die Weichheit des biegsamen Holzes kontrastiert (und sich damit durchaus unmissverständlich auf die Ereignisse des 17. Juni und darüber hinaus auf den stählernen Stalin und den Stalinismus bezieht), dann ist die Nähe dieses Gleichnisses zu denen des Taoteking offenkundig:

Eisen

Im Traum heute nacht
Sah ich einen großen Sturm.
Ins Baugerüst griff er
Den Bauschragen riß er
Den Eisernen, abwärts.
Doch was da aus Holz war
Bog sich und blieb.[133]

Noch kurz vor seinem Tod hat Brecht 1956 sein zuerst in der *Hauspostille* erschienenes Gedicht *Morgendliche Rede an den Baum Green* einer eingreifenden Überarbeitung unterzogen, die auf dieselbe ›taoistische‹ Pointe hinausläuft. Dem bereits in der frühen Fassung enthaltenen Vers »Es interessieren sich Geier für Sie« lässt er nun die Verse folgen:

Und ich weiß jetzt: einzig durch Ihre unerbittliche
Nachgiebigkeit stehen Sie heute morgen noch gerade.[134]

»Daß [...] Weiches das Harte besiegt«, so hat Laotse im 78. Spruch gelehrt, »weiß jedermann auf Erden.« Brechts späte Verse lassen sich lesen als eine aktualisierende Illustration. Und dennoch – einen unmittelbaren und absichtsvollen Bezug auf das Taoteking wird man ihnen schwerlich unterstellen wollen. Das besagt nichts gegen den Nutzen der vergleichenden Lektüre. Im Gegenteil. Texte wie dieser weisen darauf hin, dass das, was bei Brecht im engeren Sinne als »taoistisch« identifizierbar ist, in sehr viel weitläufigere Zusammenhänge seines Denkens führt – und umgekehrt: dass das fortdauernde Interesse am Taoismus sich aus elementaren, weithin werkbestimmenden Interessen und Neigungen speist und dass die Grenze zwischen Analogien und Genealogien deshalb selten trennscharf zu ziehen ist. Eben: Laotse »stimmt mit mir [...] überein«.

Zu diesen Werkkomplexen, deren Beziehungen zu taoistischem Denken ebenso evident wie schillernd erscheinen, gehören auch die *Geschichten vom Herrn Keuner*. Man erinnere sich nur an die abgründige und entsprechend häufig interpretierte Geschichte *Maßnahmen gegen die Gewalt* (1929). Da wird Herr Keuner, kaum dass er sich in Gesellschaft gegen die Gewalt ausgesprochen hat, von der personifizierten Gewalt selbst zur Rede gestellt – und beteuert nun umgehend, er habe sich doch gerade *für* sie aussprechen wollen. Aufgefordert zur Rechtfertigung seines ›rückgratlosen‹ Verhaltens (ausdrücklich: »Ich habe kein Rückgrat zum Zerschlagen«), erzählt er nun seinerseits eine Geschichte. Sie handelt vom »Herrn Egge«, der sich der Gewalt fügt, um ihr zu entgehen. Der nämlich sei dem tyrannischen »Agenten«, der im Auftrag der Mächtigen in seine Wohnung eingedrungen sei und ihn gefragt habe: »Wirst du mir dienen?«, so lange geduldig, aber beharrlich wortlos zu Willen gewesen, bis nach sieben Jahren der fett und träge gewordene Eindringling gestorben sei. »Da wickelte ihn Herr Egge in die verdorbene Decke, schleifte ihn aus dem Haus, wusch das Lager, tünchte die Wände, atmete auf und antwortete: ›Nein.‹«[135]

Was mit einem nicht bloß auf stoische Passivität reduzierbaren »Wu-wei« gemeint ist – an diesem Exempel ließe es sich veranschaulichen. Die Redeverweigerung, mit der Brechts Protagonist seine Distanz nur ex negativo zu verstehen gibt (»Aber was immer er für ihn tat, eines zu tun hütete er sich wohl: das war, ein Wort zu sagen«), gehört hier ebenso zum Nicht-Handeln wie die schweigende Bereitschaft, »mit dem Strich zu gehen, mit dem Stoß zu rollen, mit der Strömung zu schwimmen«,[136] bis der Gegner an den Folgen ebendieses von ihm selbst gewollten Verhaltens zugrunde geht – eingegangen am »vielen Essen, Schlafen und Befehlen«.

Im Svendborger Exil, bedrängt vom Faschismus auf der einen, den stalinistischen Säuberungen auf der anderen Seite, hat Brecht diese Geschichte benutzt, um ein politisches Verhalten, das in der vertrauten Semantik von Kampf und Widerstand als anstößig erscheinen musste, zu markieren als ein Handeln in Übereinstimmung mit dem Tao. 1938 beginnt er hier mit der ersten, der ›taoistischen‹ Fassung des *Galilei*-Dramas – jener Fassung also, deren anscheinende Billigung von Galileis Widerruf, von Nachgiebigkeit und Feigheit gegenüber der Gewalt der Forschung bis heute Kopfzerbrechen gemacht hat. (Und Brecht hat sich in den späteren Fassungen dann ja auch nach Kräften um eine Korrektur dieser Provokation bemüht.) Um begreiflich zu machen, inwiefern gerade die vermeintliche Feigheit des Gelehrten der geschichtlichen Durchsetzung des von ihm doch für wahr Erkannten nützen könnte, lässt Brecht den Galilei hier, auf die Frage, ob »man wirklich schweigen« solle, noch einmal die Keuner-Geschichte von 1929 erzählen.[137] Nur zwei Details haben sich nun gewandelt: Der einstige »Herr Egge« wird jetzt (mit merklichem Vergnügen am Kalauer) als ein kretischer Philosoph namens »Keunos« eingeführt, der »wegen seiner freiheitlichen Gesinnung bei den Kretern sehr beliebt war«; und Zeit der Handlung ist jetzt ganz allgemein, das Modellhafte noch hervorhebend, einfach die Zeit der »Gewaltherrschaft«.

> GALILEI *mit der Waage arbeitend*: Ich erinnere mich einer kleinen Geschichte. In die Wohnung des kretischen Philosophen Keunos, der wegen seiner freiheitlichen Gesinnung bei den Kretern sehr beliebt war, kam eines Tages während der Gewaltherrschaft ein gewisser Agent, der einen Schein vorzeigte, der von denen ausgestellt war, welche die Stadt beherrschten. Darauf stand, ihm sollte jede Wohnung gehören, in die er seinen Fuß setze; ebenso sollte ihm auch jedes Essen gehören, das er verlange; ebenso sollte ihm auch jeder Mann dienen, den er sähe. Der Agent setzte sich auf einen Stuhl, verlangte nach Essen, wusch sich, legte sich nieder und fragte, mit dem Gesicht zur Wand, vor dem Einschlafen: wirst du mir dienen? Keunos deckte ihn mit einer Decke zu, vertrieb die Fliegen, bewachte seinen Schlaf und wie an diesem Tage gehorchte er ihm sieben Jahre lang. Aber was immer er für ihn tat: vor einem hütete er sich wohl, das war: auch nur ein Wort zu sagen. Als nun die sieben Jahre um waren und der Agent dick geworden war vom vielen Essen, Schlafen und Befehlen, starb der Agent. Da wickelte ihn Keunos in die verdorbene Decke, schleppte ihn aus dem Haus, wusch das Lager, tünchte die Wände, atmete auf und antwortete: nein.[138]

Erst wenn man sie als den Ernstfall des taoistischen Prinzips versteht, zeigen sich Reichweite und Schlüssigkeit dieser Verbindung von philosophischer Parabel und historischem Exempel. Brecht selbst hat sich in einem 1944 (in der Zeit der Überarbeitung des Stücks zusammen mit Charles Laughton) entstandenen Textentwurf an diese Entstehungszeit erinnert:

> Das »Leben des Physikers Galilei« wurde in jenen finsteren letzten Monaten des Jahres 1938 geschrieben, als viele den Vormarsch des Faschismus für unaufhaltsam und den endgültigen Zusammenbruch der westlichen Zivilisation für gekommen hielten. [...] Die Lehren der sozialistischen Klassiker hatten den Reiz des Neuen eingebüßt und schienen einer abgelebten Zeit anzugehören.[139]

Diese finsteren Monate: sie sind auch die Zeit, in der die Ballade von Laotse geschrieben und überarbeitet wird. Die unmittelbare zeitliche Nähe des *Galilei* zu dieser erneuten und eindringlichen Auseinandersetzung mit dem Taoismus kann die Annahme einer Genealogie nicht erzwingen (was auch weder zweckmäßig noch notwendig wäre), macht sie aber immerhin plausibel.

Auch manche Verse aus den *Svendborger Gedichten* selbst lassen schon durch ihre Nachbarschaft zur Laotse-Ballade auf identifizierbare taoistische Ursprünge schließen. Wenn Brecht im großen Gedicht *An die Nachgeborenen* die Unmöglichkeit des gewaltlosen Nichthandelns in Zeiten der Gewalt beklagt, sich also vom eben proklamierten Weg Keuners und Galileis seufzend distanziert, dann ist die Anspielung auf den wohlbekannten »Alten Weisen« und auf die »alten Bücher« unmissverständlich. Die letzteren umfassen hier, wieder einmal, das Taoteking und die Bibel zugleich. »Böses mit Gutem vergelten«: das fordert der Apostel Paulus im Brief an die Römer (12,21) ähnlich wie Christus in der Bergpredigt (Mt 5,44); seine Wünsche nicht erfüllen, sondern vergessen soll der Weise dem 64. Spruch des Taoteking zufolge (»der Berufene [...] wünscht Wunschlosigkeit«).[140] Brecht führt beides in lapidarer Selbstverständlichkeit zusammen – als dasjenige, was in den Kämpfen der Geschichte unmöglich geworden ist:

Ich wäre gerne auch weise
In den alten Büchern steht, was weise ist:
Sich aus dem Streit der Welt halten und die kurze Zeit
Ohne Furcht verbringen
Auch ohne Gewalt auskommen
Böses mit Gutem vergelten
Seine Wünsche nicht erfüllen, sondern vergessen
Gilt für weise.
Alles das kann ich nicht:
Wahrlich, ich lebe in finsteren Zeiten![141]

Am Ende von Brechts *Schweyk im zweiten Weltkrieg* wiederum wird das Moldau-Lied den taoistischen Grundgedanken gewissermaßen ins Böhmische transponieren und dabei das eben Verworfene wiederaufnehmen:[142]

Am Grunde der Moldau wandern die Steine.
Es liegen drei Kaiser begraben in Prag.
Das Große bleibt groß nicht und klein nicht das Kleine.
Die Nacht hat zwölf Stunden, dann kommt schon der Tag.

Auch hier, so hat Albrecht Schöne hervorgehoben, ist es das bewegte Wasser, das nicht nur mit der Zeit den mächtigen Stein besiegen, sondern dessen Bewegung auch niemals enden wird, nicht einmal im paradiesischen Stillstand des Geschichtsziels, dessen Kommen doch die gewissermaßen offizielle Lesart dieses Liedes im Kontext des Schauspiels proklamieren soll: *the watercourse way*.

Angesichts dieser Kontinuität der Themen und Motive (und der wiederkehrenden Spannungen zwischen ihnen) verwundert es nicht, dass auch der Alte Weise selbst schon bald nach der ersten Lektüre bei Warschauer als Figur wiederaufgetaucht ist. 1925 erzählt Brecht im *Berliner Börsen-Courier* eine anekdotische Geschichte unter der Überschrift *Die höflichen Chinesen*. Darin erscheint Laotse in einer ebenso knappen wie eigenwilligen Version ebenjener »Legende« von seiner Emigration und der Entstehung des Buches Taoteking, die er später seinem Gedicht zugrunde legen wird.

> *Die höflichen Chinesen*
>
> Wenigen bekannt in unserer Zeit ist es, wie sehr ein der Allgemeinheit geleisteter Dienst der Entschuldigung bedarf. So ehrten die höflichen Chinesen ihren großen Weisen Laotse, mehr als meines Wissens irgendein anderes Volk seinen Lehrer, durch die Erfindung folgender Geschichte. Laotse hatte von Jugend auf die Chinesen in der Kunst zu leben unterrichtet und verließ als Greis das Land, weil die immer stärker werdende Unvernunft der Leute dem Weisen das Leben erschwerte. Vor die Wahl gestellt, die Unvernunft der Leute zu ertragen oder etwas dagegen zu tun, verließ er das Land. Da trat ihm an der Grenze des Landes ein Zollwächter entgegen und bat ihn, seine Lehren für ihn, den Zollwächter aufzuschreiben, und Laotse, aus Furcht, unhöflich zu erscheinen, willfahrte ihm. Er schrieb die Erfahrungen seines Lebens in einem dünnen Buche für den Zollwächter auf und verließ erst, als es geschrieben war, das Land seiner Geburt. Mit dieser Geschichte entschuldigen die Chinesen das Zustandekommen des Buches Taoteking, nach dessen Lehren sie bis heute leben.[143]

Fast immer ist diese kleine Geschichte von Brecht-Philologen allein im Blick auf die spätere Laotse-Ballade gelesen worden – als erschöpfe sich ihr Sinn darin, als Skizze zu einem Gemälde zu dienen, das doch erst dreizehn Jahre später ausgeführt worden ist und 1925 nicht einmal in Sichtweite war. Dass der Text aber auch um seiner selbst willen bedenkenswert, ja dass er ziemlich rätselhaft ist, ist deshalb selten bemerkt worden.[144]

Das Merkwürdigste an dieser sehr Brecht'schen Variante der chinesischen Anekdote sind der erste und der letzte Satz. Warum eigentlich sollten die Chinesen die Existenz des Buches, das »der Allgemeinheit« einen Dienst erweist, nicht einfach ›erklären‹, sondern sie förmlich »entschuldigen«? Wenn »die höflichen Chinesen« ihren über die Maßen verehrten großen Weisen »ehren« möchten – warum bedarf es dazu überhaupt der »Erfindung« einer Legende? In der scheinbar beiläufigen Wortwahl liegt Brechts Pointe. Denn ein noch so »dünnes Buch«, das die Lehre vom Wu-wei vermittelt, stellt einen performativen Selbstwiderspruch dar. Was allerdings erst zu verstehen ist, wenn man sie bereits als bekannt voraussetzt.

Auch wenn Brecht sie bis hierher so wenig problematisiert hat wie Döblin oder Klabund – mit Händen zu greifen ist diese Spannung schon im Buch Taoteking selbst. Kann man, darf man als Taoist Bücher schreiben über den Taoismus? Ist es nicht ein performativer Selbstwiderspruch, wenn die Maxime »Laß die Leute wieder Knoten aus Stricken knüpfen / und sie gebrauchen statt der Schrift«[145] in ebenjener Schrift festgehalten wird, auf deren Aufhebung sie doch zielt?

Der Entschuldigung bedarf der taoistische Meister, der mit der Niederschrift seiner Lehre, mit dem Reden vom nicht Benennbaren und endlich mit der Signierung seines Buches so evident gegen ebendiese Lehre verstoßen hat. Denn »der Berufene [...] rühmt sich selber nicht, / darum vollbringt er Werke.«[146] Der Entschuldigung bedarf aber auch das Handeln seiner Nachfolger, die ihn doch seiner Lehre zufolge nur ehren dürften, indem sie ihn vergäßen – so wie er selbst, in Brechts Variante, im Aufbruch sein Tal vergisst –, und die nun dennoch seine Schrift lesen und sich sogar verehrungsvoll seines Namens erinnern.

Weil sie also Laotses nam-haftes Handeln und ihre eigene Verehrung gegen seine eigenen Forderungen und Praktiken rechtfertigen müssen: darum erfinden »die höflichen Chinesen«, Brecht zufolge (und er ist, soweit ich sehe, der Erste, der auf diesen ganz und gar taoistischen Einfall kommt), die schöne Geschichte vom Zöllner im Felsgestein. Gerade mit dieser Erfindung aber lassen sie eben auch erkennen, dass sie die »Lehren dieses Buches« und in ihrem Licht die Ambivalenz ihres eigenen Tuns sehr wohl verstanden haben: dass sie wahrhaftig »bis heute« nach ihnen leben, bis ins Erzählen solcher rechtfertigenden Geschichten hinein.

Dies ist das Problem, das in Brechts Anekdote verhandelt wird – nicht allgemein die Höflichkeit (oder mit Benjamin: die »Freundlichkeit«) des solidarischen Handelns, sondern die Frage, ob das schreibende Handeln eines Weisen, der sich dem Dienst für die »Allgemeinheit« und selbst dem Sprechen und Schreiben entziehen will, überhaupt »erlaubt« sei und nicht vielmehr einen Verrat an den eigenen Maximen darstelle. Um den Entschuldigungsbedarf eines Taoisten geht es, der politisch eingreifend schreibt. Indem der Erzähler die Redeweise der Chinesen übernimmt, indem er selbst die Entschuldigungsbedürftigkeit schreibenden Handelns akzeptiert, willigt er in diese taoistischen Prinzipien ein. Aus demselben Gedanken heraus wird sich später der ebenfalls alles andere als selbstverständliche Umstand erklären lassen, dass Brecht seine entfaltete Version der Geschichte nicht als die »Ballade« überschreibt, die sie doch ist (und als die er vergleichbare Texte ja auch sonst stets etikettiert), sondern mit sanfter Ironie als fromme Erfindung, als Erfindung der höflichen Chinesen: eben als »Legende«.

Nach dieser so kurzen wie abgründigen Erzählung ist Laotse als Figur in Brechts Werk eine zeitlang nicht zu sehen. Aber er hält sich nur im Hintergrund. Für die Umarbeitung des 1930 uraufgeführten Schauspiels *Mann ist Mann* schreibt Brecht gegen Ende desselben Jahres das Lied, das im Stück dann der Witwe Begbick in den Mund gelegt wird und das ohne die taoistischen Vorgeschichten gar nicht zu denken wäre. Gefordert wird darin angesichts des Kampfes zwischen den Gerechten und den Ungerechten eine Haltung, die sich nicht für eine der beiden Seiten entscheiden, sondern sich vielmehr ihrem Kampf entziehen, »sich aus dem Streit der Welt halten« soll:

> Ich war an vielen Orten und ich sah genau hin und sah
> Viele Leute beharren in Schlechtigkeit
> Die wurden zu Verbechern und Dummköpfen und
> Mußten erschlagen werden, und andere sah ich
> Beharren in Gerechtigkeit, die wurden
> Auch Verbrecher und Dummköpfe und mußten
> Auch erschlagen werden, da sagte ich
> Beharre auf nichts, nicht Gutem noch Schlechtem.

»Beharre auf nichts«: das ist der Imperativ des Nicht-Widerstrebens, die Lehre des Laotse wie des Döblin'schen Wang-lun. Ihr anschaulichstes Gleichnis findet auch der Song der Witwe Begbick im Bild des fließenden Wassers:

Damals sagte ich zum ersten Mal:
Wie oft du auch den Fluß ansiehst, der träge
Dahinzieht, nie siehst du dasselbe Wasser
Nie kehrt es, das hinunterfließt (kein Tropfen von ihm)
Zu seinem Ursprung zurück.[147]

Lied vom Fluß der Dinge lautet die Überschrift dieses Songs. Bildfelder wie dieses hat die Forschung, wiederum mit Ausnahme Tatlows, wiederum ganz überwiegend, oft ausschließlich auf die Vorsokratiker zurückführen wollen. »Das Bild vom Fluß der Dinge«, vermerkt der Kommentar der GBA, »geht zurück auf Heraklits Ausspruch ›Panta rhei‹ (›Alles fließt‹)«; das *Brecht Lexikon* übernimmt diese Zuschreibung.[148] Und sie trifft ja gewiss auch zu. Nur bezeichnet lediglich *eine* von zwei Quellen, deren Gewässer sich hier (und in einigen weiteren Notizen Brechts in den frühen dreißiger Jahren) mischen. Denn so offensichtlich im Refrain das Bild vom Fluss, der sich niemals gleich ist, auf Heraklit und das Taoteking gleichermaßen verweist,[149] so unverkennbar verdankt sich die *Verhaltenslehre*, die in der vorausgegangenen Strophe darauf bezogen wird, allein der Lehre vom Wu-wei. Von der aber weiß Heraklit nichts.

Im Entwurf eines Bittbriefs an Karl Kraus kommt Brecht dann im Sommer 1933 auf die chinesische Anekdote mit solcher Selbstverständlichkeit zurück, als liege ihre erste Lektüre mittlerweile nicht schon mehr als ein Jahrzehnt zurück:

> Ich möchte Sie noch einmal um die Sprachlehre bedrängen, von der wir einmal sprachen. (Sie wissen, daß die Chinesen die Entstehung des Taoteking auf die Bitte eines Zollbeamten zurückführen, der den Laotse, welcher, der Unvernunft und Gemeinheit seiner Landsleute auszuweichen, über die Grenze ging, darum anging, doch noch einiges aufzuschreiben, welcher Bitte der Philosoph entsprach, damit solche Bitten für lange Zeit als erlaubt bezeichnend.)[150]

In spielerischer und prägnanter Aktualisierung setzt Brecht damit Kraus in die Position des Laotse, sich selbst hingegen in die des Zöllners ein. Im Juni 1938 endlich, »geflüchtet unter das dänische Strohdach«, schreibt der Exilierte die *Legende von der Entstehung des Buches Taoteking auf dem Weg des Laotse in die Emigration*,[151] in der er die »Lehre vom Fluß der Dinge« tatsächlich »den Siegern« entgegenhält. Nachdem die von Thomas Mann herausgegebene Exilzeitschrift *Maß und Wert* sie im selben Monat auf eine Brecht beleidigende Weise abgelehnt hat, wird sie in der Moskauer *Internationalen Literatur* erstmals gedruckt, danach dann in die Abteilung der »Chroniken«[152] in den *Svendborger Gedichten* 1939 aufgenommen.[153] Die uralte »Erfindung« der legendenhaften Geschichte – jetzt im Exil erfindet Brecht sie ganz neu.

Pfeiferauchend in die Emigration

Seit Walter Benjamins großartigem und großartig vereinseitigendem Kommentar (der zuerst in der *Schweizer Zeitung am Sonntag* vom 23. April 1939 erschien und dessen Lektüre Brecht in seinen im Brecht-Archiv erhaltenen Notizen vermerkt)[154] – seit diesem ersten philosophisch ausgreifenden Aufsatz zu Brechts Lyrik[155] hat sich ein geschichtsphilosophisch akzentuiertes Verständnis des Gedichts durchgesetzt, das seine widerspenstige Eigenheit resolut einebnet. Dabei geht diese Lektüre auf den Taoismus und auf das Buch Taoteking mit keinem Wort ein. Stattdessen konzentriert Benjamin sich ganz auf Kategorien, die dem Wort nach in Brechts Gedicht gar nicht erscheinen, und liest das Gedicht als »messianische« Verheißung künftiger »Freundlichkeit«, als Exempel eines – so ausdrücklich – »materialistischen Dialektikers« für die siegreiche »Sache der Unterdrückten«, als moralische und politische Didaxe in eins; und als eine mahnende Erinnerung der Leser an die *kollektive* Entstehung engagierter Dichtung aus den Bedürfnissen jener Klasse, in deren Kämpfe sie eingreift.

Und viele Interpreten haben es ihm seither nachgesprochen. Marianne Kesting etwa übernimmt in ihrer vielgelesenen Brecht-Monographie 1959 Benjamins Schlüsselbegriff und folgert, von »Freundlichkeit« bestimmte Beziehungen würden dort »neu gegründet, wo die Arbeit an der neuen Gesellschaft die Menschen verbindet«.[156] Das freilich verlangt dem Gedicht einiges ab, in dem der Weise nach dem kleinen Aufenthalt um jene schwarze Föhre auf der Suche nach Ruh ins Gestein biegt und die Sprüche, die er dem Zöllner hinterlässt, nur vom Sieg des bewegten weichen Wassers reden. Zumal Benjamin an einem Motivstrang interessiert ist, der sich in der Tat von der *Hauspostille* bis in Brechts Exilschriften zieht – nur dass er ausgerechnet das Laotse-Gedicht selbst eher am Rande berührt. Wenn Benjamin die Verse vom Unterliegen des Harten »eine Verheißung« nennt, »die keiner messianischen etwas nachgibt«, dann bezieht er sich abermals

»Geflüchtet unter das dänische Strohdach«, nach Skovsbostrand bei Svendborg. Vor dem Haus Brecht mit Mütze, Helene Weigel und Margarete Steffin (die beiden kurzhaarigen Frauen); das ältere Paar ist nicht zu identifizieren.

auf ebenjene religiöse Deutungstradition, die dem spezifisch Taoistischen des Gedichts fern-, ja in mancher Hinsicht entgegensteht (und mit ihm gerade hier vielleicht nicht viel mehr gemeinsam hat als das irgendwie Verheißungsvolle).

Nicht nur um Revolution geht es in der Laotse-Legende nirgends, auch das Wort »Freundlichkeit« kommt im Text an keiner Stelle vor. Wie in der frühen Anekdotenfassung, so ist auch hier allein vom »höflichen« Handeln des Weisen mit einem konfuzianischen Schlüsselbegriff die Rede; Benjamin muss den Begriff darum aus einem früheren Gedicht Brechts ausborgen, den wunderbaren Versen *Von der Freundlichkeit der Welt.*[157]

Während Tatlow annimmt, der vom Knaben ausgesprochene Lehrsatz sei »wohl mit einem Gedanken in den geschichtsphilosophischen Thesen Benjamins über den historischen Materialismus verwandt, wonach diesem eine ›*schwache* messianische Kraft‹ mitgegeben sei, deren Anspruch nicht abzufertigen ist, ein Gedanke, der Benjamin vermutlich durch dieses Gedicht vermittelt wurde«, zeigt Mi-Ae Yuns Dissertation von 1997, wie Benjamins Akzentuierung der »Freundlichkeit [...] die Brecht'sche Perspektivierung maßgeblich [verschiebt]«.[158]

Jan Knopf nimmt in den anregenden Brecht-Lektüren seines Essaybandes *Gelegentlich: Poesie* die Spannung zwar flüchtig wahr, komplimentiert sie aber wieder sogleich hinaus. »Sein [Laotses] Programm war alles andere als revolutionär«, konzediert er, fügt aber sogleich hinzu: »dennoch suchte es nach Ausgleich und Versöhnung, was Brecht als Anknüpfungspunkt für die aktuellen Schwierigkeiten des Exils ausreichte«.[159] Eher als notdürftiger Ersatz einer revolutionären Doktrin also muss der Taoismus hier für Brecht herhalten; und so kann Knopf am Ende seiner Interpretation erleichtert in Benjamins Satz von der messianischen Verheißung einstimmen und mit der rhetorischen Frage »Gibt es mehr dazu zu sagen?« die Sache auf sich beruhen lassen.[160]

Andere Interpreten waren weniger zurückhaltend. Dass Brechts Laotse ein »Muster« darstelle »für die Auflehnung gegen eine böse Gesellschaftsordnung, wie Brecht sie als Kommunist verfocht«, erklärte Bernhard Schulz 1956 in einem Beitrag zum Tod des Dichters.[161] Nichts als die abschreckende Verkörperung eines bourgeoisen Eskapismus erkennt Christiane Bohnerts Studie von 1982 in Brechts Helden: »Der Weise ist – seine Weltabgewandtheit belegt dies – ein bürgerlicher Intellektueller. Das Volk soll ergo jeden greifbaren Intellektuellen befragen«, freilich: »Die geistige Welt des Intellektuellen und die materiell orientierte des Proletariers sind in sich geschlossen und völlig voneinander getrennt.« Laotse lässt sich zwar seine Weisheit widerstrebend entreißen, aber »danach verläßt er das Land, kämpft nicht mit und gemahnt diesbezüglich an bürgerliches Kunstverständnis«.[162] Genau umgekehrt hatte Franz Norbert Mennemeier 1982 das Gedicht missdeutet. In seinem Buch über *Bertolt Brechts Lyrik*, das den »Chroniken« der *Svendborger Gedichte* ein eigenes Kapitel widmet, erscheint Brechts Laotse als kritischer Soziologe: »Laotses Aufmerksamkeit für den Zöllner [...] entspringt dem Bewußtsein ähnlichen Schicksals: Unterdrückung und Ausbeutung, mehr noch: der Beobachtung, daß da einer ist, der wie er selbst, wenngleich mit gegenwärtig noch schwächeren Kräften, die Ursachen sozialen Elends zu ergründen sucht.«[163] Gerade davon aber ist in Brechts Gedicht mit keiner Silbe die Rede.[164] Albrecht Kloepfers Dissertation über Brechts »ostasiatische« Lyrik schließlich hält es 1997 für geboten, vor einer Überschätzung der ›chinesischen‹ Züge ausgerechnet im Laotse-Gedicht zu warnen und den Blick »auf den historischen Kontext der ›Svendborger Gedichte‹ und das Umfeld der Laotse-Ballade« zu lenken – der in seiner Deutung liefern muss, was der Text gerade verweigert. Erst im Kontext nämlich zeige sich, dass es Brecht im Ganzen weniger um das Taoteking selbst als um die Anekdote von der Emigration gegangen sei. Allein mit der Metapher vom Lauf des weichen Wassers in der 5. Strophe beziehe er sich »zum einzigen Mal innerhalb der Ballade tatsächlich auf den Text des Taoteking«[165] – als handle es sich da um irgendeine beiläufige Anspielung in einem sonst von politischen Verhältnissen handelnden Kontext. Die Beispiele ließen sich vermehren.

So naheliegend aber die geschichtsphilosophische Umdeutung im Entstehungskontext der *Svendborger Gedichte* erscheinen mag, so sehr übersieht sie doch, was den jungen, vormarxistischen Brecht begeistert und dem zum Marxismus bekehrten späteren Brecht als ein zentrales Problem zu schaffen gemacht hat: den Umstand nämlich, dass der Taoismus und die marxistische Geschichtsphilosophie, der Taoismus und die leninistische Praxis einander in mancher Hinsicht geradezu ausschließen. Allein Antony Tatlow hat schon seit seiner ersten Analyse des Gedichts 1970 auf der Eigenständigkeit und Widerständigkeit des Gegenstandes beharrt und betont, »that Brecht is also concerned with an interpretation of the Tao Te King«.[166] In seiner grundlegenden Arbeit *The Mask of Evil*[167] bezieht er sich auf die Betonung des Paradoxons von der Stärke in der Schwäche und auf die damit verbundene Hoffnung auf einen Sieg des Schwachen über das Starke. Und er gibt zu bedenken: »Naturally, he [Brecht] alters the Taoist connotations; we have seen, however, that such transformation is less out of keeping with the original meaning than one might suppose«.[168]

Das ist sehr vorsichtig gesagt. Denn nichts verbindet Brecht mit Lehre und Leben Lenins so dauerhaft wie den Begriff des »Kampfes«,[169] und nichts steht der Lehre und Praxis Laotses so diametral entgegen wie ebendie Vorstellung von Widerstand und Kampf, überhaupt vom tätigen Eingreifen in die Geschichte. Kein Thema ist denn auch in Alfred Döblins taoistischem Roman wie in Klabunds Nachdichtungen der Kriegsgedichte des Litaipe so leidenschaftlich debattiert worden wie dieser Gegensatz zwischen Nicht-Widerstreben und sozialrevolutionärer Tat. Unvereinbar sind Kampf und Wu-wei, wie Feuer und Wasser – und zwar nicht nur in der chinesischen Tradition, sondern auch in der deutschen Rezeptionsgeschichte von Döblin bis zu Klabund und in Brechts Gedicht selbst.

Sichtbar werden die Spannungen schon zwischen diesem Gedicht und seinem unmittelbaren Publikationskontext. In der dritten und zentralen Abteilung der *Svendborger Gedichte*, in der es steht,[170] versammelt Brecht bekanntlich *Chroniken* aus der alten und neuen Geschichte der Klassenkämpfe. Sie lassen sich thematisch wiederum in drei Bereiche gliedern. Der erste erzählt vom proletarischen Widerstandskampf in Kapitalismus und Faschismus: von dem Streckenwärter Mike McCoy, der »auf den Kohlenwagen Ohios« gestorben ist, von der elenden Löhnung auf einem Frachtdampfer der United States Shipping Board,[171] vom sozialistischen Soldaten, der in die Wand seines italienischen Gefängnisses die Worte »Hoch Lenin!« einritzt, *Die unbesiegliche Inschrift*. Die zweite Gruppe der Chronik-Gedichte führt mitten hinein in die vom unbesieglichen Lenin eröffnete neue Welt. *Zum 20. Jahrestag der Oktoberrevolution* findet sich hier ein Gedicht; ein anderes berichtet: *Die Teppichweber von Kujan-Bulak ehren Lenin* (so wie in der kleinen Laotse-Erzählung die Chinesen ihren Weisen »ehren«); die *Inbesitznahme der großen Metro durch die Moskauer Arbeiterschaft am 27. April 1927* wird in pathetischen Versen gewürdigt, die *Schnelligkeit des sozialistischen Aufbaus* in bewundernd-freundlicher Ironie erörtert und *Der große Oktober* gerühmt. Eine dritte Gruppe schließlich bilden Gedichte, in denen legendenhafte Stoffe unterschiedlicher Menschheitsüberlieferungen kritisch revidiert werden: der Bericht vom *Schuh des Empedokles*, das (nicht der indischen Tradition selbst, sondern einem zeitgenössischen Roman entlehnte)[172] *Gleichnis des Buddha vom brennenden Haus*[173] und *Die Legende von der Entstehung des Buches Taoteking auf dem Weg des Laotse in die Emigration*. Die *Fragen eines lesenden Arbeiters*, die diese Abteilung eröffnen, lehren, die Chroniken der Alten gegen den Strich zu lesen; und in der Schilderung eines Traums vom *Besuch bei den verbannten Dichtern* begegnet der Schreiber selbst Ovid und Dante, Villon und Li-tai-pes Zeitgenossen Tu Fu.[174]

Ein einziges Gedicht steht quer zur Programmatik dieser historisch-materialistischen Lehrdichtungen, und das ist die Legende von Laotse. Denn ausgerechnet dessen halb mythische Gestalt wird hier – im Gegensatz zu Buddha wie zu Ovid – ganz ausdrücklich als »Lehrer« eingeführt. Dieses Wort aber wird gerade in den *Svendborger Gedichten* auffallend strikt gehandhabt. Lenin darf so heißen (»Lenin ist eingeschreint / In dem großen Herzen der Arbeiterklasse. Er war unser Lehrer«), auch Maksim Gorki (»Der Lehrer des Volkes / Der vom Volk gelernt hat«)[175] und die ins Exil gejagten Kämpfer, die als »die verbannten Lehrer« zwar gleich neben den »verbannten Dichtern« wohnen, aber eben doch in ihrer separaten »Hütte«[176] – und sonst niemand, außer Laotse. Was aber hat der in diesem Lehrer-Kollegium zu suchen?

Seine Lehre und sein daran orientiertes Handeln rechtfertigen sein Hiersein schwerlich. Denn von der ersten Strophe an verdeutlicht das Handeln dieses Weisen, was sein Wasser-Gleichnis ins philosophische Bild bringt. Angesichts der Erfahrung, dass im Lande »die Güte« wieder einmal schwächlich ist, hält er sich ziemlich wörtlich an das, was im Taoteking als »höchste Güte« beschrieben wird:

> Höchste Güte ist wie das Wasser.
> Des Wassers Güte ist es, allen Wesen zu nützen ohne Streit.
> Es weilt an Orten, die alle Menschen verachten.
> Darum steht es nahe dem SINN.[177]

Dieser Weise widersteht nicht dem Bösen, sondern entzieht sich. Der Zunahme der Bosheit im Lande leistet er keinen Widerstand, sondern er weicht ihr aus, wie das fließende Wasser, auf der Suche »nach Ruh« – wie denn, dem hier zitierten 31. Spruch des Taoteking zufolge, »Ruhe und Friede« dem taoistischen Weisen »das Höchste« sind (und er gerade so den Sieg erringt).[178]

»In die *Emigration*« geht Laotse so, nach Auskunft der Überschrift. Dieses Wort aber hat sich Brecht doch ansonsten entschieden verboten – und zwar gleich nebenan, hier in den *Svendborger Gedichten*, am Beginn der sechsten Abteilung. Sein Gedicht unterscheidet nachdrücklich zwischen »uns«, die »wir flohen«, und jenen, die »nach freiem Entschluß [...] ein anderes Land« wählen. Darum:

> *Über die Bezeichnung Emigranten*
>
> Immer fand ich den Namen falsch, den man uns gab: Emigranten.
> Das heißt doch Auswandrer. Aber wir
> Wanderten doch nicht aus, nach freiem Entschluß
> Wählend ein andres Land. Wanderten wir doch auch nicht
> Ein in ein Land, dort zu bleiben, womöglich für immer.
> Sondern wir flohen. Vertriebene sind wir, Verbannte.
> Und kein Heim, ein Exil soll das Land sein, das uns da aufnahm.
> Unruhig sitzen wir so, möglichst nahe den Grenzen
> Wartend des Tags der Rückkehr [...][179]

So spricht er denn auch in dieser Sammlung von Ovid und Buddha, von Tu Fu und jenem Pö Chü I, auf dessen Verse seine eigenen Bearbeitungen der *Chinesischen Gedichte* zurückgehen: als von »den verbannten Dichtern«, von ihrer »Verfolgung« und »Verbannung«,[180] so auch von sich selbst: »Als ich ins Exil gejagt wurde«.[181] (Und wird dann an die befreundete dänische Dichterin Karin Michaelis schreiben: »Die chinesischen Lyriker und Philosophen pflegten, wie ich höre, ins Exil zu gehen wie die unsern in die Akademie.«[182]) *Gedichte im Exil* lautete folglich auch der erste und programmatische Titelentwurf für die Svendborger Sammlung, in der das Emigrationsgedicht steht.

Allein Laotse, der im Unterschied zu ihnen allen hier »Lehrer« heißen darf – allein er will »sich aus dem Streit der Welt halten« (*An die Nachgeborenen*), wandert aus ohne Rückkehr, wählt aus freiem Entschluss ein anderes Land und geht darum nicht ins Exil, sondern »in die Emigration«. Während die Vertriebenen und Verbannten mit Ungeduld auf den Tag der Heimkehr warten, freut er »sich des Tals noch einmal und vergaß es / Als er ins Gebirg den Weg einschlug«. Alles lässt er seinen Gang gehen, auch – und buchstäblich – den Ochsen, der selber das Tempo bestimmen darf; der Knabe »führt« ihn lediglich. Nur ein »Büchlein« und seine Pfeife nimmt er mit sich; sonst hält er nichts fest.

Gerade Büchlein und Pfeife aber bringen nun, so diskret wie nur möglich, diesen Emigranten in eine überraschende Nähe zu seinem Autor im dänischen Exil. Denn beide sind so unhistorisch, dass ihr Auftauchen nicht nur im Text eines historischen Materialisten Anstoß erregen könnte. *Bücher*, darauf hat der chinesische Germanist Yuan Tan in seiner Dissertation aufmerksam gemacht,[183] hat es im China des 5. vorchristlichen Jahrhunderts noch gar nicht gegeben. Es gab sie so wenig wie das »Weißbrot«, das Brechts Laotse doch »nach dem Augenmaß« einpackt, oder gar – und am offensichtlichsten – den Tabak, den erst die portugiesischen Kolonialherren im 16. Jahrhundert ins Land brachten.

Brecht müssen diese Anachronismen nicht nur bewusst gewesen sein, er scheint es vielmehr auf sie anzulegen – als eine unauffällige zeitgeschichtliche und autobiographische Signatur.[184] Die Pfeife, die dieser Besitzlose nicht missen mag, weil er sie »immer abends rauchte«, und für die ihm im alten China doch der Tabak gefehlt hätte, und das Büchlein, das er immer las – sie ähneln denen zum Verwechseln, die Brecht in seinem im Juli 1940 entstandenen und in der Steffin'schen Sammlung überlieferten Gedicht benennt:

Die Pfeifen

Da ich die Bücher, nach der Grenze hetzend
Den Freunden ließ, entrat ich des Gedichts
Doch führt ich meine Rauchgefäße mit, verletzend
Des Flüchtlings dritte Regel: Habe nichts!

Die Bücher sagen dem nicht viel, der nun
Auf solche wartet, kommend, ihn zu greifen.
Das Ledersäcklein und die alten Pfeifen
Vermögen fürder mehr für ihn zu tun.[185]

Mit dem so überschießenden wie anachronistischen Detail trägt Brecht in seine Legende die Züge eines Selbstporträts ein (das durch die Entstehungs- und Publikationsumstände ohnehin nahegelegt wird): tritt er ein in die Rolle jenes taoistischen Weisen, der ihn seit der *Baal*- und *Litaipee*-Zeit begleitet hat. Weil er selbst so »geschichtsmüde« ist, wie er das in Richard Wilhelms Einführung über den in die *Emigration* gehenden Laotse lesen konnte,[186] deshalb verspricht der längst vertraute Taoismus ihm gerade im Jahr 1938 Entlastung von den Enttäuschungen der Geschichte wie von den Überforderungen ihrer später erlernten geschichtsphilosophischen Sinngebungen – mit Tatlows schönem Wort: »a consolation and promise in darkest times«.[187]

Lenin oder Laotse

Mit der Weisheit des Lehrers Lenin stimmt all dies nicht überein. Der Lauf des Wassers und das revolutionäre Handeln bezeichnen hier zwei grundverschiedene Modelle. An dieser Schwierigkeit hat Brecht selber sich lange abgearbeitet – zunächst im Umkreis der Laotse-Ballade, dann aber auch in dieser selbst.

Unter den parallel entstehenden Versuchen, in denen es, unter anderem, auch um die Spannungen zwischen Taoismus und Marxismus geht, ist das *Buch der Wendungen* der mit Abstand wichtigste. Seit Uwe Johnsons postumer Ausgabe von 1965 ist es bekannt als *Me-ti. Buch der Wendungen*. Dabei hat dieses zwischen 1934 und 1940 entstandene Fragment dem Anschein nach mit Laotse gar nichts, mit den Texten des Mê-ti (Mo Di) umso mehr zu tun – jenem dritten der schulbildenden chinesischen Philosophen, der in den Auseinandersetzungen zwischen Taoismus und Konfuzianismus immer wieder übersehen, oder vielmehr: vom Konfuzianismus offensiv verdrängt worden war.

1922 war Alfred Forkes Übersetzung der Schriften des gegenüber dem Konfuzianismus wie gegenüber dem Taoismus eigenständigen humanistischen Sozialethikers »Mê ti« erschienen[188] (so Forkes Schreibweise des in mannigfachen europäischen Schreibvarianten verbreiteten Namens). Sie gehörte zu den wenigen Büchern, die Brecht ins dänische Exil mitnahm; im Schauspiel vom *Guten Menschen von Sezuan*, mit dessen Ausarbeitung er im Erscheinungsjahr der *Svendborger Gedichte* begann, sind die Spuren dieser Lektüre mehrfach zu bemerken.[189] Die Grundschriften des »Mohismus« (oder »Mehismus«) – sie waren um diese Zeit buchstäblich das »Büchlein, das er immer las«.[190]

Wenn Brecht das entstehende Werk selbst als *Buch der Wendungen* überschreibt, dann spielt er damit zunächst gewiss nur allgemein auf die Prinzipien eines dialektischen Denkens an, wie es in diesen Texten praktiziert wird. Zugleich aber wird damit hinter den Schriften des Mo Di und den gelegentlich einbezogenen Gleichnissen des *Dschuang Dsi* ein weiteres Werk der chinesischen Tradition erkennbar, eines der vermutlich ältesten und bis heute in vieler Hinsicht rätselhaftesten Bücher der Menschheit: das Weisheits- und Orakelbuch des *I Ging* (oder *I Ching*). Richard Wilhelm hatte es 1914 übersetzt und ausführlich kommentiert, unter dem Titel *I Ging: Das Buch der Wandlungen*. Das *I Ging*, schreibt Wilhelm, veranschauliche »das unwandelbare ewige Gesetz, das in allem Wandel wirkt« – und zwar in genau demselben Sinne, in dem das Tao te king es umschreibe: »Dieses Gesetz ist der SINN des Laotse«, also das Tao.[191] So ist es, und so hat Brecht das Werk offensichtlich rezipiert.

In dessen Buch nun wird mehrfach die Lehre vom »Fluß der Dinge« berührt. Und wie schon in Brechts Aufsatz *Fünf Schwierigkeiten beim Schreiben der Wahrheit* wird sie auch hier explizit auf die europäische Geschichtsphilosophie bezogen. In diesem 1934 entstandenen Text wird die Dialektik selbst mit der »Lehre vom Fluß der Dinge« in eins gesetzt:

> Eine Betrachtungsweise, die das Vergängliche besonders hervorhebt, ist ein gutes Mittel, die Unterdrückten zu ermutigen. [...] Eine solche Betrachtungsweise (wie der Dialektik, der Lehre vom Fluß der Dinge) kann bei der Untersuchung von Gegenständen eingeübt werden, welche den Herrschenden eine Zeitlang entgehen.[192]

Die Nähe dieser Bemerkungen zu Marx' oben zitiertem Wasser-Gleichnis in der Vorrede zum *Kapital* (die Dialektik fasse »jede gewordene Form im Flusse der Bewegung« auf) ist ebenso deutlich wie diejenige zum Gespräch mit dem Zöllner in der Laotse-Ballade – und wie der Gegensatz zum Lenin'schen Beharren auf der revolutionären Tat. Brecht liest, so scheint es, zumindest zeitweise Marx mit Laotse, gegen Lenin.

In zwei ebenfalls auf 1934 zu datierenden Texten im *Buch der Wendungen* wird diese Lehre bezogen zunächst auf Gedanken To-tsis (alias Trotzkis) »vor dem großen Umsturz« der Oktoberrevolution, dann auf Reflexionen zu Übergängen und Zwischenstufen zwischen toter und lebender Materie; beide Texte sind überschrieben mit der Formel »über den Fluß der Dinge«.[193] Eine etwas rätselhafte Notiz spricht sogar vom »Me ti *Buch vom Fluß der Dinge*«[194] – was darauf hinweist, dass Brecht eine zeitlang erwogen haben könnte, das jetzige *Buch der Wendungen* überhaupt mit dieser von früh an aus Heraklits πάντα ῥέι (*panta rhei*), Marx' Dialektik und Laotses Wu-wei abgeleiteten Weltformel zu überschreiben.

Dagegen nun setzt Brecht einen Abschnitt unter der Überschrift »Gefahren der Idee vom Fluß der Dinge« und warnt:

> Die Anhänger der Entwicklung haben oft eine zu geringe Meinung vom Bestehenden. Der Gedanke, daß es vergeht, macht es ihnen unwichtig. [...] Und was vergeht schon, ohne daß es zum Vergehen gezwungen wird?[195]

Zwischen der versuchten geschichtsphilosophischen Vereinnahmung der »Lehre vom Fluß der Dinge« und deren taoistischem Traditionsstrang besteht eine beträchtliche Spannung. An die Stelle geschichtsphilosophischer Entwürfe tritt mit dem Taoteking eine in ihrem Grund un-, ja antigeschichtliche Zeitkonzeption, die weder Ursprung noch Ziel kennt und sich gleichwohl auch nicht in die vertraute europäische Opposition von ›zyklisch‹ und ›linear‹ bruchlos einfügen lässt. Der so verstandene »Fluss der Dinge« vermag sehr wohl einschneidende Veränderungen zu bewirken: den harten Stein abzutragen, das Oberste nach unten zu kehren, die Schwachen stark zu machen. Aber was immer er bewirkt, ist nicht von Dauer. Dauernd ist allein er selbst, im Wechsel der Erscheinungen.[196] Was bleibt, ist der Fluss; die Dinge lässt er kommen und vergehen.

Andererseits wird ebenso regelmäßig gegen die taoistischen Konnotationen des Bildes das Modell einer gesetzhaften geschichtlichen

Dialektik wieder zur Geltung gebracht. Eingedenk der Selbstermahnung, dass nichts vergehe, »ohne daß es zum Vergehen gezwungen wird«, ändert Brecht darum den im chinesischen Kanon vorgefundenen Titel ab, macht aus dem *Buch der Wandlungen* das *Buch der Wendungen* eines dialektischen Materialismus und unterstellt es der Autorität des Sozialethikers Mê-ti. Die geschichtsphilosophische Selbstkorrektur weist die taoistische Provokation in derselben Weise in die Schranken, wie das *im* Buch dann in der Kritik der falschen »Lehre vom Fluss der Dinge« wiederholt wird.

Die Spannung aber wird damit, wie in allen vom Taoismus handelnden Texten Brechts, nicht aufgelöst. Und niemand hat das so scharf gesehen und so sorgenvoll bedacht wie Brecht selbst. 1933/34 hat er notiert, die »lehre vom fluss der dinge« dürfe nicht nur auf beobachtende Hinnahme hinauslaufen, vielmehr müsse sie auch handelndes Eingreifen ermöglichen:

> ihre lehre vom fluss der dinge
> nicht nur dass alles fliesst, sondern wie es fliesst
> *und zum fliessen zu bringen ist*[197]

Nun gehörte es allerdings gerade zu den Pointen des Buches Taoteking, dass das weiche Wasser immer schon *in Bewegung sei*. Das Tao, hat Laotse erläutert, ist

> Groß, damit meine ich: immer im Flusse.
> Immer im Flusse, damit meine ich: in allen Fernen.
> In allen Fernen, damit meine ich: in sich zurückkehrend.[198]

Die unaufhaltsame und zyklische Eigendynamik ist ebenso Teil seiner Natur wie die Weichheit. Brecht weiß das, und seine Wendung vom »weichen Wasser in Bewegung« gibt es auch ganz zutreffend wieder.

Wollte Brecht in den *Svendborger Gedichten* seine taoistische Legende in Einklang bringen mit einem Kontext, in dem es um das Vorbild Lenins ging, um den stalinistischen Aufbau, um den Klassenkampf in Ohio, so musste er mit seiner Selbstkorrektur an anderer Stelle ansetzen. Und das tat er – mit dem Ergebnis, dass sein Gedicht jetzt für die Bereitschaft des Weisen, von seinem Ochsen zu steigen und das Taoteking zu schreiben, zwei unterschiedliche, ja *konkurrierende Motivationen* enthält. Einerseits ist da die taoistische Nachgiebigkeit eben des Emigranten, die keinem Hindernis Widerstand leistet, auch einem störrischen »Zollverwalter« nicht. Der Unwille,

»eine höfliche Bitte abzuschlagen«, ist nur ein weiterer Ausdruck des nachgiebigen Geschehenlassens:

> Eine höfliche Bitte abzuschlagen
> War der Alte, wie es schien, zu alt

Andererseits aber ist da die aktive Solidarität des einen sozialen Verlierers mit dem anderen, den er zunächst nur »über seine Schulter« ansieht, um dann betroffen zu erkennen, dass er *seinesgleichen* vor sich hat.

> Ach, kein Sieger trat da auf ihn zu.
> Und er murmelte: »Auch du?«

Die neunte Strophe und ihre Folgen

Die Motivationskonkurrenz ergibt sich aus einer eingreifenden Änderung, die Brecht an einer bereits abgeschlossen erscheinenden ersten Fassung des Gedichts vorgenommen und die eine Reihe kleinerer, aber nicht weniger bedeutsamer Änderungen zur Folge gehabt hat. Liest man die Reinschrift, die Margarete Steffin am 7. Mai 1938 unter dem dänischen Strohdach in Skovsbostrand für Brecht anfertigte, ohne alle Ergänzungen und handschriftlichen Korrekturen, dann zeigt sich ein signifikant anderer Text als der uns vertraute.[199] Und das liegt nicht nur an der konsequenten Kleinschreibung.

> LEGENDE VON DER ENTSTEHUNG DES BUCHES
> TAOTEKING AUF DEM WEG DES LAOTSE
> IN DIE EMMIGRATION [*sic*]
>
> 1
> als er siebzig war und war gebrechlich
> drängte es den lehrer doch nach ruh
> denn die güte war im lande wieder einmal schwächlich
> und die bosheit nahm an kräften[200] zu.
> und er gürtete den schuh.

2
und er packte ein, was er so brauchte:
wenig. doch es wurde dies und das.
so die pfeife, die er immer abends rauchte
und das büchlein, das er immer las.
weissbrot nach dem augenmas.

3
freute sich des tals noch einmal und vergass es
als er ins gebirg den weg einschlug.
und sein ochse freute sich des frischen grases
kauend, während er den alten trug.
denn dem ging es schnell genug.

4
doch am vierten tag im felsgesteine
hat ein zöllner ihm den weg verwehrt
»kostbarkeiten zu verzollen?« – »keine«
und der knabe, der den alten[201] führte, sprach: er hat gelehrt.
und so war auch das erklärt.

5
doch der mann, in einer heitren regung
fragte noch: hat er was rausgekriegt?
sprach der knabe: dass das weiche wasser in bewegung
mit der zeit den felsen stets[202] besiegt.
du verstehst, das harte unterliegt.

6
dass er nicht das letzte tageslicht verlöre
trieb der knabe nun den ochsen an.
und die drei verschwanden schon um eine schwarze föhre
da kam plötzlich fahrt in unsern mann
und er schrie: he, du! halt an!

7
was ist das mit diesem wasser, alter?
hielt der alte. »intressiert es dich?«
sprach der mann: »ich bin nur zollverwalter
doch[203] wer wen besiegt, das intressiert auch mich.
wenn dus weisst, dann sprich!«

8
»wenn du so was weisst, musst dus uns lehren[204]
sowas nimmt man doch nicht mit sich fort.
es gibt[205] doch papier bei uns und tinte
übernachten kannst du auch:[206] ich wohne dort.«
nun, das war ein wort.[207]

9
eine höfliche bitte abzuschlagen
war der alte, wie es schien, zu alt.
denn er murmelte: vernünftige[208] fragen
die verdienen antwort. sprach der knabe: es wird auch schon kalt.
schick dich in den aufenthalt.[209]

10
und von seinem ochsen stieg der weise
sieben tage schrieben sie zu zweit.
und der zöllner brachte essen[210] (und er fluchte nur noch[211] leise
mit dem personal in dieser zeit)[212]
und dann wars so weit.

11
und dem zöllner händigte der knabe
81 sprüche ein.
und dann[213] bog der alte auf dem ochsen um die föhre ins gestein.
kann man höflicher sein?[214]

12
aber rühmen wir nicht nur den weisen[215]
dessen name auf dem buche prangt!
denn man muss dem weisen seine weisheit erst entreissen.
darum sei der zöllner auch bedankt:
er hat sie ihm abverlangt.

svendborg, 7. V. 38

Brecht hat also das Gedicht zunächst *ohne* die neunte Strophe geschrieben, in der Laotse den Zöllner als seinesgleichen erkennt. Und er hatte es so bereits als abgeschlossen betrachtet: hat die Strophen von 1 bis 12 durchnummeriert. Dann aber hat er, nach der achten Strophe, mit dem Zeichen » – x«, Ergänzungsbedarf markiert und die jetzige neunte Strophe mit ihrem »Auch du?« auf einem gesonderten, mit »x« markierten Blatt hinzugefügt:

x
über seine schulter sah der alte
auf den mann: flickjoppe. keine schuh.
und die stirne eine einzige falte.
ach, kein sieger trat da auf ihn zu.
und er murmelte: auch du?

Diese Hinzufügung zog weitere Modifikationen nach sich. Indem er den Emigranten im sozialen Verlierer seinesgleichen erkennen ließ, hat Brecht auch das vorausgesetzte soziale Gefälle zwischen diesem Lehrer und dem Subalternen herausgearbeitet und so die soziale Fallhöhe vergrößert, hat also aus dem vornehmen »Zollverwalter« der Legende – der Begriff ist ja in der siebten Strophe noch erhalten – den plebejischen »Zöllner« gemacht.[216] Und der hat nun auch keinen Ärger »mit dem personal« mehr, über das er in Brechts erster Fassung noch ausdrücklich gebietet, sondern nur noch »mit den schmugglern«. Selbstbewusst tritt dagegen der »Lehrer« in dieser Überarbeitung auf, als aktiv Eingreifender. Aus dem »knabe[n], der den alten führte«, wird der »knabe, der den ochsen führte« – weil zwar ein Vertreter des Wu-wei sich widerspruchslos auch von einem Knaben führen lässt, nicht aber ein souverän handelnder und gebietender Philosoph. Hatte der taoistische Weise im Typoskript sich zunächst ergeben sagen lassen müssen: »*schick dich* in den aufenthalt«, auf die erzwungene Unterbrechung also mit seinem Nicht-Widerstreben reagiert, so fügt er sich nun in der Überarbeitung nicht mehr stillschweigend, sondern nimmt die Verzögerung großzügig und ausdrücklich in Kauf: »gut, ein kleiner aufenthalt!«

Diese Umarbeitung ändert die Motivation des Geschehens grundlegend. Jetzt erst wurde aus der Höflichkeit des Wu-wei die Solidarisierung des Intellektuellen mit dem sozialen Verlierer. Jetzt erst ließ das taoistische Exempel über den Umgang zwischen zwei höhergestellten Intellektuellen sich gleichsam umbiegen in jene glatt aufgehende politische Allegorie vom Bündnis zwischen Intellektuellen und Arbeiterklasse, als die es denn auch ganz überwiegend gelesen worden ist. Ohne weiteres schien sich danach für das der Bosheit verfallene »Land« das Hitler'sche Reich einsetzen zu lassen, für den Zöllner das Proletariat, für den emigrierenden Weisen der Emigrant, der sich nun mit jenem in derselben Position befindet, der aber über Einsichten in eine für beide befreiende Lehre verfügt. Das »Auch du?« formuliert so knapp wie möglich diese Einsicht; ihr folgt die

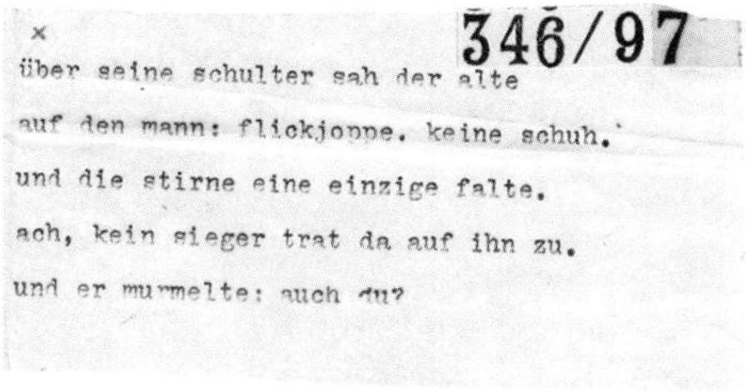

× 346/97

über seine schulter sah der alte
auf den mann: flickjoppe. keine schuh.
und die stirne eine einzige falte.
ach, kein sieger trat da auf ihn zu.
und er murmelte: auch du?

Typoskript der nachgetragenen 9. Strophe (vgl. hier S. 92)

praktische Solidarisierung auf dem Fuße: »Und von seinem Ochsen stieg der Weise«. Und jetzt erst konnte, wer wollte, schon in den Worten »wer wen besiegt« (in der siebten Strophe) ein verdecktes Zitat von Lenins berühmter Formel »wer – wen« wahrnehmen, bezogen auf die »Entscheidung [...] im Klassenkampf« und eingeführt in der Rede zur *Neuen Ökonomischen Politik* vom 17. Oktober 1921.[217]

Nur hat Brecht, wie es scheint, vergessen, mit der Einfügung der zweiten, der gleichsam klassenbewussten Motivation die erste, taoistische zu tilgen. Er hat sie stehenlassen, ebenso wie das Wort von der »Emigration« des Laotse, wie die Betonung seiner ausweichenden Nachgiebigkeit, wie sein Vergessen der Heimat und die Lehre vom fließenden Wasser. Was aber führt Laotses Exempel in Brechts »Legende« nun vor: Tao und Wu-wei – oder kämpferisch eingreifende Literatur? Zeigt er »das Buch Taoteking« als Lehrbuch des Vergessens – oder als Solidaritätsadresse und Handlungsanweisung für einen, der auch »kein Sieger« ist und der doch wissen soll, dass ihm die Zukunft gehört?

Auch die beiden unterschiedlichen Rollen, die dem Laotse selbst hier zugeschrieben werden, erweisen sich bei näherem Hinsehen als unvereinbar. Wer seine Lehre *verstanden* habe, heißt es im Taoteking, der verstehe sie eben nicht mehr *als Lehre*. »Er lernt das Nichtlernen.«[218] Wer also die Lehre dieses Lehrers wirklich beherzigen will, der vergisst sie sogleich. Und er ehrt auch den Lehrer selbst, indem er ihn *vergisst*. (Diese paradoxe Regel hat aber schon der begleitende Knabe vernachlässigt: der ja die Lehre seines Meisters so gut verstanden hat, dass er sie gegenüber dem Fragenden pointiert zusammenzufassen vermag.) Gleich auf der ersten Seite der von Brecht benutzten Quelle, in seiner Einleitung zum Taoteking, zitiert Richard Wilhelm den Bericht des Se Ma Tsien: Laotses »Streben war, sich selbst zu verbergen und ohne Namen zu bleiben.«[219] Auch die Leute, so hatte Konfuzius im *Liä Dsi* über den sonderbaren Heiligen bemerkt, »finden keinen Namen für ihn«. Das entspricht den Empfehlungen des Taoteking selbst:

> Die von alters tüchtig waren als Meister,
> waren im Verborgenen eins mit den unsichtbaren Kräften.
> Tief waren sie, so daß man sie nicht kennen kann.[220]

Seine Weisheit vermittelt dieser Weise ganz ohne Rede und Schrift, nur durch sein Vorbild im Nichtwiderstreben – und das heißt am Ende: durch sein Verschwinden, durch seine Abwesenheit. *Das* ist mitzudenken, wenn Laotse erklärt:

> [...] der Berufene:
> Er verweilt im Wirken ohne Handeln.
> Er übt Belehrung ohne Reden.[221]
> Der Erkennende redet nicht.
> Der Redende erkennt nicht.[222]

Im 27. Spruch schließlich, am knappsten: »Guter Wandrer läßt keine Spur zurück.«[223]

Dieser Widerspruch hat Brecht, wie wir sahen, schon in seiner Anekdote von den höflichen Chinesen beschäftigt. Dort sind sie freilich nur als Problem formuliert worden. Jetzt aber versucht er die taoistischen Maximen beim Wort zu nehmen. Das zeigen einige seiner frühesten erhaltenen Notizen zu seinem Gedicht. Auf einem Blatt mit ersten Formulierungseinfällen zu einzelnen Versen finden sich, unter der rot unterstrichenen Überschrift *gespräch mit dem zollwächter*, unter anderem bereits die beiden für die taoistische Lehre des »Lehrers« zentralen Zeilen

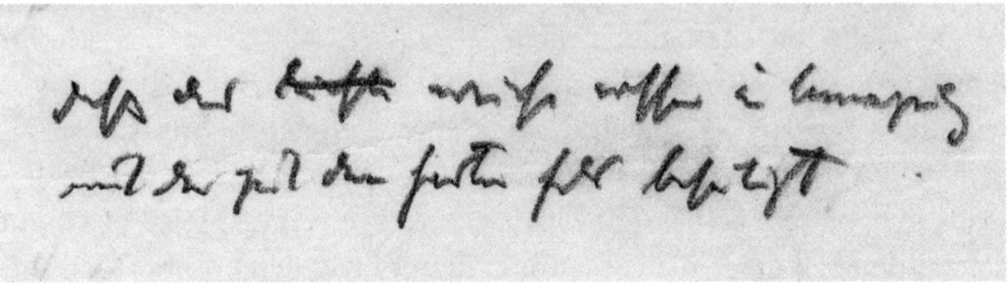

> dass das weiche[224] wasser in bewegung
> mit der zeit den harten fels besiegt

und gleich darunter steht eine Notiz, die, schon in erkennbarem Bezug auf die Wechselrede zwischen Laotse, dem Knaben und dem Zöllner, zu dieser Lehre die entsprechende Praxis vermerkt:

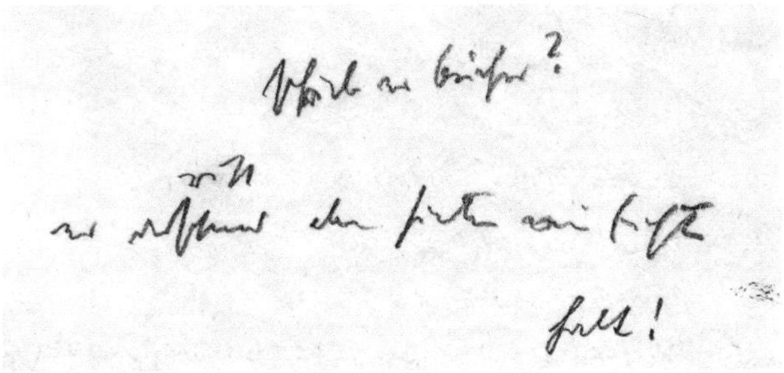

schrieb er bücher?
will
er verschwand eben [?] hinter eine[r?] fichte
halt!

Wer vom fließenden Wasser gelernt hat, schreibt keine Bücher, sondern verschwindet spurlos im Gebirge – es sei denn, jemand tritt ihm in den Weg und hält ihn auf. Wie der harte Stein das weiche Wasser aufhält.

Und so ist es dann auch im veröffentlichten Text zu lesen, schon von der zweiten Strophe an: Laotse »Freute sich des Tals noch einmal und vergaß es«. Brechts Gedicht beherzigt die Ermahnung zur Spurlosigkeit auch insofern, als es den *Namen* des »Lehrers« ja (mit Ausnahme der Überschrift) tatsächlich ungenannt lässt und ihn nur, so diskret wie sinologisch korrekt, mit »der Alte« und »der Weise« umschreibt, eben als »lao« und »tse«. Umso überraschender aber *verstößt* es am Ende, nach der Intervention des Zöllners, doch gegen die eigene Lehre. In der letzten Strophe wird Laotses »Streben, ohne Namen zu bleiben«, ignoriert – hier lässt das Gedicht seinen »Namen« im Gegenteil »auf dem Buche prangen«, hier »rühmt« es den Weisen und den Zöllner zugleich. Konsistent sind diese Rollenentwürfe nicht. Der mit den Kämpfen der Unterdrückten solidarische Emigrant, dessen Lehre und dessen Name durch das von ihm verfasste Lehrbuch ruhmreich und unsterblich werden, passt schlechterdings nicht zusammen mit dem in der Gestalt- und Namenlosigkeit verschwindenden und selbst alles vergessenden Meister des fließenden Wassers, dessen einziges Tun das Nicht-Widerstreben und dessen Ziel die Ruhe im Kreislauf des Tao ist.

In dem, wovon die Verse berichten, löst diese Spannung sich nicht auf – wohl aber in der Art, in der sie davon berichten. Wenn hier eine Entscheidung fällt, dann geschieht das auf der Oberfläche des Textes: in seiner metrischen Technik.

Das Versmaß des Tao

Erinnern wir uns: In seinen Bemerkungen zu Döblins *Drei Sprüngen des Wang-lun* hatte Brecht 1920 seiner Feststellung, hier seien »alle Dinge [...] in Bewegung gebracht«, unvermittelt eine stilistische Bemerkung hinzugefügt:

> Technisch ergriff mich unerhört stark die Kultur des Zeitworts. Das Zeitwort war meine schwächste Seite, [...] davon profitiere ich jetzt enorm.

Die Notiz bezeichnet den Kern von Döblins Romanpoetik. Was Brecht »die Kultur des Zeitworts« nennt, das ist ein Ensemble von Verfahren, die allesamt auf eine ungeheure Dynamisierung des Erzählens zielen und deshalb im Verbgebrauch am deutlichsten zutage treten, eine Verflüssigung alles Festen in den Strom fortwährend wechselnder Sinneseindrücke und Perspektiven. Der Effekt dieser über weite Passagen absichtsvoll verwirrenden Durchdringung der Zeiten, dieser überdehnten Augenblicksdarstellungen und Großaufnahmen, die sich in weite Panoramen öffnen und in Phasen rasanter Beschleunigung übergehen, ist in nur scheinbarer Paradoxie eine Aufhebung der Zeiten im stehenden Jetzt: als zeigte sich das Tao selbst. Taoismus und Stilkunst – Brechts technische Notiz steht im selben Kontext, in dem er auch bemerkt, sein Freund Warschauer habe ihm den Laotse gezeigt, »und der stimmt mit mir so sehr überein, daß er immerfort staunt«. Werfen wir eingedenk dieses Hinweises einen genaueren Blick auf die technische Seite dieses Gedichts: auf seine bei genauer Lektüre »unerhört stark« ergreifende Kultur des Metrums.

Formprinzipien nämlich waren für Brecht gerade in der Zeit des Svendborger Exils kein ästhetischer Zeitvertreib, sondern eine Überlebensfrage. Infolge der literarisch-politischen Auseinandersetzungen, die unter dem verharmlosenden Namen »Expressionismusdebatte« in die Geschichte eingegangen sind, stand er in der akuten Gefahr, den Anschluss an seine Genossen zu verlieren. Knopf zeigt, wie die Konzeption der *Svendborger Gedichte* im Ganzen sich auch zurückführen lässt auf diese Debatte. Georg Lukács' Aufsatz *Größe und Verfall des Expressionismus* hatte sie bereits 1934 in der *Internationalen Literatur* vorbereitet; mit einem Beitrag Klaus Manns zu Gottfried Benn flammte sie im September 1937 auf und erreichte im Jahr darauf ihren Höhepunkt. Der Ort, an dem der Streit vor allem ausgetragen wurde, war die von Brecht selbst zusammen mit Willi Bredel und Lion Feuchtwanger herausgegebene Exilzeitschrift *Das Wort*. Sie erschien in jenem Moskau, in dem die stalinistischen Verfolgungen Andersdenkender längst furchterregende Ausmaße angenommen hatten.[225]

In dieser Debatte sah Brecht sich den Anhängern eines rigoros stalinistischen Konzepts vom »Sozialistischen Realismus« gegenüber, die wie Lukács alle ›formalistischen‹ Schreibweisen als Abweichung von der politisch geforderten Linie denunzierten, wenn sie nicht gleich, wie Alfred Kurella es (unter dem Pseudonym »Bernhard Ziegler«) im *Wort* getan hatte, den Expressionismus als eine geradewegs in den Faschismus führende Bewegung verwarfen. Nun fand Brecht – der schon wusste, warum er ins dänische Exil gegangen war und nicht ins sowjetische – sich von einigen der engsten Genossen als »Formalist« und »Defaitist« verhöhnt und von denen, die er selbst die »Moskauer Clique« nannte, ausgeschlossen aus den Reihen der politisch zuverlässigen Kämpfer.[226]

Dass er folglich allen Grund hatte, sich um eine nicht nur sein künstlerisches, sondern auch sein politisches und womöglich auch sein physisches Überleben sichernde Selbstkorrektur zu bemühen, mag das eine sein. Das andere aber ist die List, mit der er – der sich mit öffentlichen Stellungnahmen zur Debatte vorsichtig zurückhielt – die taoistische Perspektive gerade jetzt so ganz und gar ›formalistisch‹ konzipiert, dass Leser, die weder von der expressionistischen Herkunft der Laotse-Verehrung noch von der Semantik des Versbaus etwas wissen (oder halten), blind bleiben müssen für das, was ihnen hier eigentlich schwarz auf weiß vor Augen gestellt wird – jetzt, auf dem Höhepunkt der Expressionismusdebatte und in derselben Moskauer Zeitschrift, in der 1934 Lukács' Aufsatz erschienen war. Die Camouflage der Laotse-Legende ist unvergleichlich subtiler als diejenige des *Buches der Wendungen* – aber eben deshalb auch, im Unterschied zu diesem, veröffentlichungsfähig.

Schon durch seine äußere Form sticht dieses Gedicht aus den *Svendborger Gedichten* heraus. Als einziges in der Abteilung der

»Chroniken« ist es durchgehend gereimt und strophisch gegliedert. Und in einer geradezu klassisch strengen Form legt Brecht dem Gedicht ein Schema von Strophen aus je fünf wiederum aus fünfhebigen Trochäen bestehenden durchgereimten Versen zugrunde. Es liegt nahe, diesen Rückgriff in Verbindung zu bringen mit dem in metrischen Erörterungen (auch Brechts selbst) oft hervorgehobenen Umstand, dass fünfhebige Jamben oder Trochäen im Deutschen wie im Englischen, dem Niederländischen, den skandinavischen Sprachen als besonders ›fließend‹ empfunden werden und dass von diesen wiederum die Trochäen mit ihrer Abfolge von betonter und unbetonter Silbe die *fallende* Variante bilden. Darüber hinaus könnte man hier daran denken, dass die Fünfzahl im Taoteking wie überhaupt in der alten chinesischen Philosophie als heilig gilt, als ein kosmologisches Prinzip, das sich im menschlichen Körper nicht anders repräsentiert als in Natur und Geschichte. Es gibt fünf Sinne, fünf Finger an jeder Hand, die sich in der Kosmogonie entwickelnden fünf Elemente personifizieren sich in den fünf legendenhaften Herrschern der Vorzeit.[227] Und es gibt – so lehrt es Laotse, so lehrt es mit der konfuzianischen Tradition auch Se Ma Tsien – fünferlei Farben, Würzen, Töne.

Solches Zählen, Messen und Wiegen der Versmaße ist nirgends so wenig nebensächlich wie bei Brecht. Wenige Lyriker des 20. Jahrhunderts haben sich so umfangreich mit Problemen der Metrik auseinandergesetzt wie er; und er hat seine metrischen Studien nie wieder so intensiv betrieben wie in ebender Zeit, in der er die Laotse-Ballade schrieb. So wie der Stückeschreiber Brecht das Konzept eines »gestischen Sprechens« entwickelt und in Dramentheorie wie Theaterpraxis entfaltet hat,[228] so hat er in seinem wenig später entstandenen, seinerseits indirekt auf die »Expressionismusdebatte« reagierenden Aufsatz *Über reimlose Lyrik mit unregelmäßigen Rhythmen* den seither vieldiskutierten Begriff des »gestischen [...] Rhythmus« proklamiert.[229] Gemeint ist damit eine – erst im mündlichen Vortrag vollends hervortretende – Spannung zwischen ›natürlichem‹ Sprachfluss und der spürbaren ›Gemachtheit‹ des metrischen Schemas. Gerade auf diese »verfremdende«, die Wahrnehmung entautomatisierende Künstlichkeit kommt es Brecht an – mit dem Zentralbegriff seiner Lehrmeister aus dem Russischen Formalismus zu sprechen: auf *ostranénie*, auf Verfremdung, Fremdmachung, auf das »Verfahren der erschwerten Form«.[230] Um ihretwillen tadelt er etwa die »ölige Glätte« des fünfhebig-jambischen Blankverses und rühmt er die Schlegel-Tieck'sche Shakespeare-Übersetzung, die trotz ihrer metrischen Regelmäßigkeit wegen ihrer schwierigen Lesbarkeit den Vortrag umso »kraftvoller« mache;[231] in einer späteren Notiz hat er Ähnliches über das *Sprechen der Klopstockschen Verse* festgehalten.[232] Nun ist allerdings nicht zu übersehen, dass das Laotse-Gedicht weder reimlos noch in »unregelmäßigen Rhythmen« abgefasst ist, sondern durchgängig reguliert durch eine unerschütterliche Norm. Die dreizehn Strophen bestehen aus jeweils vier zumeist fünfhebigen Trochäen, ein fünfter, syntaktisch stets selbständiger Schlussvers aus vier Trochäen schließt sie ab; die Reime folgen durchweg dem Schema a-b-a-b-b. Erst diese schematische Deutlichkeit macht Abweichungen unüberhörbar, die sich hier ausschließlich auf Unter- oder Überfüllungen einzelner Verse beschränken – eine Subversion der unerschütterlichen Norm.

Das lässt sich nachzählen. Fünfundsechzig Verse umfasst das dreizehnstrophige Gedicht. Der Schlussvers jeder Strophe ist vierhebig; von den verbleibenden zweiundfünfzig Versen sind fünfunddreißig regelmäßig fünfhebig-trochäisch gebaut; die anderen fallen hörbar aus dem Rahmen: Sieben Verse sind sechshebig, sechs siebenhebig, drei haben sogar acht Hebungen. Auf diese subtile Balance von Norm und Abweichung hat Brecht viel Mühe verwendet. Im Brecht-Archiv hat sich ein Notizblatt erhalten, auf dem Brecht neben dem mit Rotstift geschriebenen Stichwort »ursprung des taoteking« unter anderem das metrische Schema der ersten Strophe mit diagonalen und waagerechten Strichen entwirft.

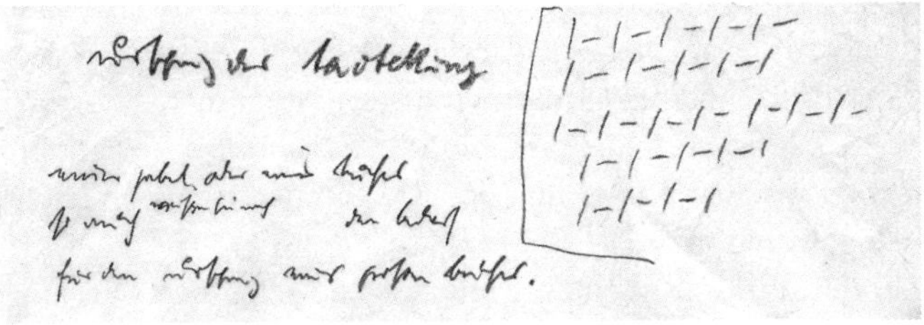

Sein handschriftlich überarbeitetes Typoskript zeigt überdies, wie weit er in der kalkulierten Verletzung der vom Gedicht selbst evozierten Regelhaftigkeit zunächst gehen wollte. Nicht weniger als neun Hebungen sollte ein Vers in der elften Strophe enthalten, fast doppelt so viele wie die als Grundmetrum erkennbaren fünfhebigen Jamben. Das hätte dann so geklungen:

> und dem zöllner händigte der knabe
> 81 sprüche ein.
> und dann bog der alte auf dem ochsen um die föhre ins gestein.

Hier, in der experimentierenden Notiz, wird besonders augen- und ohrenfällig, wie Brecht willentlich das Gleichmaß stört, das doch so leicht zu wahren gewesen wäre (und eben darum). Dem konventionell fünfhebig-jambischen Vers folgen ein auf vier Jamben verkürzter und, ins entgegengesetzte Extrem fallend, ein auf neun Jamben überdehnter. Dabei hätte der regelmäßig gebaute Vers ohne weiteres – ohne syntaktische Anstrengung, ohne jeden Informationsverlust – einfach lauten können: ›und dann bog der alte ins gestein.‹ Dass er dies »auf dem ochsen« tut, versteht sich für jeden Leser nach dem Vorhergehenden von selbst; auch dass der Weg um die eingangs erwähnte Föhre herumführt, bedarf eigentlich keiner Erwähnung mehr. Beide Mitteilungen sind gar nicht als Informationen von Bedeutung, sondern allein als markierte Verzögerungen des Versflusses, die als solche allerdings in den metrisch überschüssigen Motiven selbst reflektiert werden: als ohrenfällige Verlangsamungen (langsam wie der träge kauende Ochse) und Hindernisse (wie die im Weg stehende Föhre).

Regelmäßig alternierend hingegen sind *alle* Verse gebaut. Hat Brecht zunächst hingeschrieben »aber wer wen besiegt«, so korrigiert er das daktylisch-dreisilbige »aber wer« zum metrisch wieder regelmäßigen »*doch* wer«. Der semantisch unbetonte, im regelmäßigen Metrum aber eine Betonung erfordernde Versanfang »es gibt doch papier bei uns« wird metrisch vereindeutigt zu: »*da* gibt's doch papier bei uns«. Wo ein unbetontes »e« der trochäischen Zweisilbigkeit im Wege steht, da vermeidet er sogar durch Elision die Störung des alternierenden Gleichmaßes: »in einer heitern Regung«, »intressiert es dich?« »das intressiert auch mich«. Das ist insofern bemerkenswert, als eine »gestische« Aufrauung des Rhythmus hier ja am leichtesten möglich gewesen wäre.

Über die Wirkungen eines regelmäßigen Metrums – oder, mit dem von ihm selbst bevorzugten Begriff: eines solchen »Rhythmus« – hat der Metriker Brecht sich besondere Gedanken gemacht, in einer nachgetragenen Notiz zu seinem Aufsatz. Und er hat dabei eine für unseren Kontext aufschlussreiche Metapher verwendet. Über Erfahrungen mit gleichgebauten Versen schreibt er da:

> In der mir unangenehmen Traumstimmung, die durch regelmäßige Rhythmen erzeugt wurde, spielte das Gedankliche eine eigentümliche Rolle: Es bildeten sich eher Assoziationen als eigentliche Gedanken; das Gedankliche *schwamm so auf Wogen einher* […].[233]

In seiner Legende vom Lauf des Wassers, in der das Gedankliche in der Tat so auf Vers-Wogen einherschwimmt, lässt sich eine Analogie beobachten zwischen der in Brechts Exilgedichten einzigartigen *metrischen Gestalt* dieses Gedichtes und der *in* ihm erörterten Lehre: eine Analogie nämlich zwischen dem »Wogen« der Verse und dem Fluss des Wassers.

In ähnlicher Weise hat er an drei unauffälligen Stellen auch den gleichmäßigen Trochäenfall des metrischen Stroms unterbrochen, ihn gleichsam angehalten durch einen betonten Daktylus: in der – für die Vermittlung von Laotses Lehre entscheidenden fünften, in der neunten und in der zwölften Strophe. Auch hier lassen die entstehungsgeschichtlichen Dokumente die komponierende Absicht Brechts erkennen.

»[...] daß das weiche Wasser in Bewegung / Mit der Zeit den mächtigen Stein besiegt / Du verstehst, das Harte unterliegt«: Die Unaufhaltsamkeit des unaufhaltsamen Stroms, der hier schon diesseits der metrischen Regulierung in den Alliterationen hörbar wird (»das weiche Wasser in Bewegung«) – sie gibt sich gerade am harten Hindernis zu erkennen. Im auffallend dreisilbig aus dem Gleichmaß der Trochäen herausragenden Daktylus »mächtigen« bringt es sich als besonders hart zur Geltung. Der so unüberhörbar »mäch-ti-ge Stein«: das ist der Stein der Mächtigen, oder taoistisch gesagt: der Stein der Macht, an dem das nachgiebig weiche Wasser sich bricht. Schon den »Stein« selbst hat Brecht ja der Taoteking-Paraphrase ebenso verdeutlichend hinzugefügt wie die »Bewegung«, durch die erst das weiche Wasser ihn »besiegt«.[234]

In einer frühen Notiz hat Brecht zunächst geschrieben: »den harten fels« (s. S. 80). Im Typoskript formuliert er eine semantische Variante, die das Metrum nicht verändert: »den felsen stets«. Daraus erst macht er dann in der letzten, handschriftlichen Überarbeitung die kalkulierte metrische Regelverletzung, in der die semantisch getilgte ›Härte‹ eingeht in die metrische Struktur: »den mächtigen fels«. Das genaue Gegenstück dieser Macht repräsentiert metonymisch die »einzi-ge Falte« im Gesicht des Zöllners, die eben deshalb nicht zur unauffälligen »einzgen« reduziert werden darf. In der zwölften Strophe schließlich stellt die Frage »Kann man höflicher sein?« daktylisch den ethischen Leitbegriff heraus, den Brechts Prosa-Version der Geschichte Laotses im *Börsen-Courier* anstelle der »Freundlichkeit« im Titel getragen hatte: die Höflichkeit der Chinesen.

Nimmt man Brechts Metapher vom Wogen der Verse ernst und

bezieht sie auf sein eigenes Gedicht vom Lauf des Wassers, dann erhellt sich seine Semantisierung des Metrums von selbst. Der Fluss seiner Verse und die störenden Hindernisse in ihnen bilden den Wechsel von Härte und Weichheit, Aufenthalt und ungehindertem Strömen ab, in genauer klangsemantischer Äquivalenz. Die Abweichungen von der metrischen Norm unterbrechen nicht das alternierende Gleichmaß dieses Wogens – sie stauen oder beschleunigen nur die Fließgeschwindigkeit. Was Brecht also bei Döblin zum Zusammenhang zwischen Taoismus und Grammatik beobachtet hatte, das praktiziert er hier selbst als Zusammenhang von Taoismus und Metrik. (In dem monumentalen, mit dem Ende des Exils 1945 begonnenen Versuch, das *Kommunistische Manifest* in klassische Hexameter umzudichten, wird er einen ganz entsprechenden Zusammenhang zwischen Marxismus und Metrik postulieren und praktizieren.)

Als »dieses ohnmächtige Buch« hatte Döblin seinen *Wang-lun*-Roman bezeichnet. Mit seiner Laotse-Legende schreibt Brecht ein in genau diesem Sinne »ohnmächtiges« Gedicht. Manchmal handelt es sich bei den metrisch ›überschießenden‹ und syntaktisch entbehrlichen Wörtern gerade um signifikant ›taoistische‹ Motive: »wieder einmal« ist die Güte schwächlich und nimmt die Bosheit zu – also offenbar in stetigem Wechsel.[235] Wie viel einfacher, wie viel näherliegend und um wie viel weniger politisch anstößig wäre es gewesen zu schreiben: »und die bosheit nahm an kräften zu«! Und in der Tat: So *hat* Brecht auch zunächst geschrieben, dann aber im Typoskript die Worte »wieder einmal« handschriftlich eingefügt. In der vermutlich frühesten handschriftlichen Notiz hatte es überhaupt nur geheißen: »denn die güte wurde wieder schwächlich / und die bosheit nahm an kräften zu.«

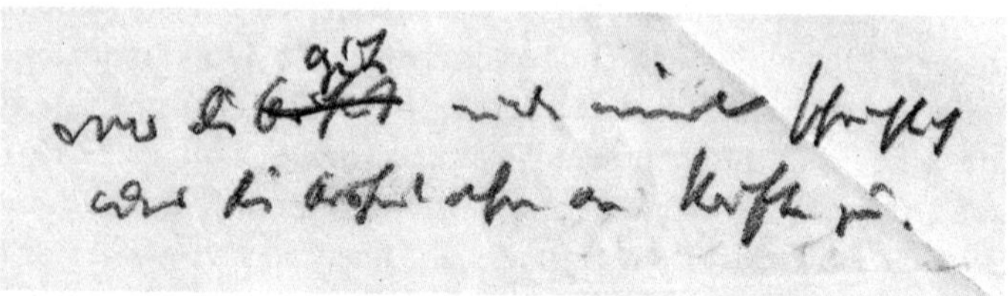

Und wie die politisch-moralischen Vorgänge der Wellenbewegung des Auf und Ab, des periodischen Zu- und Abnehmens folgen, so auch die Gemütsregungen des einzelnen Menschen. Der Alte, so hätte es leicht fünfhebig-›korrekt‹ heißen können, ›Freute sich des Tales und vergaß es‹ – »Freute sich des Tals *noch einmal* und vergaß es«.[236]

Eine letzte Detailbeobachtung bestätigt die Subtilität dieser taoistischen Metrik. Der Schlussvers jeder Strophe, so sahen wir, ist vierhebig und endet in einer männlichen Kadenz. Er unterstreicht damit jedesmal – wie die Nummerierungen der Strophen es auf ihre Weise tun – den Abschluss der Strophe, markiert einen Einschnitt: lässt den Fluss der Verse stocken.[237] Ein einziges Mal nur enthält auch der Schlussvers einer Strophe *fünf* Hebungen: in jenem Vers nämlich, in dem »das Harte unterliegt«, in dem die vom Text benannte Dynamik des bewegten Wassers sich also auch metrisch durchsetzt und das Weiche ungehindert strömt. Es ist der 31. Vers:

> Daß das weiche Wasser in Bewegung
> Mit der Zeit den mächtigen Stein besiegt.
> Dú verstéhst: das Hárte únterlíegt.

Auch hier hätte sich die Abweichung leicht vermeiden lassen, etwa durch eine Formulierung wie: ›Denn das Harte unterliegt‹. *Wie* hart das schließlich doch unterliegende Harte aber gewesen ist, das eben hat zuvor die Dreisilbigkeit des »mächtigen Steins« hörbar gemacht. Seine daktylische Härte aber schleift das weiche Wasser in Bewegung unwiderstehlich und unaufhaltsam ab. Hier, endlich, strömt es frei dahin.

»Nein.«

Der Taoismus, den Brechts Überarbeitung des Wortlauts zurückdrängen sollte – er behauptet sich in dessen metrischer Gestalt. In ihr, die alle Selbstkorrekturen unterläuft, tritt am deutlichsten jene taoistische Unterströmung an die Oberfläche, die in Brechts Werk seit 1919 zu verfolgen gewesen ist, durch alle ungeheuren Umwälzungen der Epoche und seines eigenen Denkens hindurch. Diese faktische Kontinuität scheint mir ebenso bemerkenswert wie Brechts letztlich vergebliches Bemühen, die Spannungen zwischen den fortdauernden taoistischen Prägungen und der seit etwa 1930 bestimmenden marxistischen Perspektive zu überspielen – ein Bemühen, das sich in der Brecht-Philologie bis heute weithin fortgesetzt hat. Der liebgewordenen Zweiteilung zwischen einem vormarxistischen jungen Brecht und dem marxistischen ›Überwinder‹ dieser frühen Positionen steht kein Text der *Svendborger Gedichte* so beharrlich im Wege wie die Laotse-Legende von 1938.

Nicht nur die frühe Begeisterung über den Taoismus und seine Dynamisierung aller Ordnungen hat, so scheint mir, bis ins antifaschistische Exil hinein überdauert. Auch das ›Grauen‹ vor der im real existierenden Bolschewismus »tatsächlich erreichten Ordnung« hatte im Laufe der dreißiger Jahre, der Moskauer Prozesse und der »Expressionismusdebatte« neue, furchtbare Gründe gefunden. In jenem geschichtlichen Augenblick, in dem die Güte wahrhaft schwächlich erscheint und die Bosheit an Kräften zunimmt, in der die Gewalt auf beiden Seiten, bei Freund und Feind, so bedrohlich geworden ist, dass selbst die Unterscheidung von Freund und Feind nicht mehr ganz leicht fällt: in diesem Augenblick gewinnt die Dialektik des Wu-wei ihre vielleicht größte Anziehungskraft, als explizites Thema und als implizites poetologisches Prinzip. So gehorsam sich die Selbstkorrekturen des Legendendichters dem geschichtsphilosophischen Modell und den Maximen der Kämpfer zu unterwerfen scheinen, so eigensinnig beharrt die taoistische Metrik hier noch immer (oder erst recht) auf einer Poesie, deren eingreifendes Handeln gerade im listenreichen Nicht-Widerstreben besteht. Im Zentrum seines mit Recht beargwöhnten »Formalismus« reflektiert Brecht seine Art, dem Gewaltherrscher zu dienen bis zu dessen Tode. Dies ist das »Nein«, das sich bis dahin nur in der Kunst des Wortlosen artikuliert, im Ungesagten, im Gezeigten zwischen den Zeilen. Versfüße nur, Silben und Strophen – und gerade so doch lauter »Maßnahmen gegen die Gewalt«. Inmitten der geschichtlichen Barbarei behauptet sich so noch immer die Kraft eines Tao, von dem das dem Zöllner überreichte Buch handelt und das mit der Zeit *jedes* »Kontrollsystem« besiegt. Darum sei am Ende Laotse auch bedankt: Er hat ihm das abverlangt.

LEGENDE VON DER ENTSTEHUNG DES BUCHES TAOTEKING AUF DEM WEG DES LAOTSE IN DIE EMMIGRATION

1

als er siebzig war und war gebrechlich
drängte~~s~~ es den lehrer doch nach ruh
denn die güte war im lande wieder einmal schwächlich
und die bosheit nahm an kräften [wieder einmal] zu.
und er gürtete den schuh.

2

und er packte ein, was er so brauchte:
wenig. doch es wurde dies und das.
so die pfeife, die er immer abends rauchte
und das büchlein, das er immer las.
weissbrot nach dem augenmas.

3

freute sich des tals noch einmal und vergass es
als er ins gebirg den weg einschlug.
und dein ochse freute sich des frischen grases
kauend, während er den alten trug.
denn dem ging es schnell genug.

4

doch am vierten tag im felsgesteine
hat ein zöllner ihm den weg verwehrt
"kostbarkeiten zu verzollen?" - "keine"
und der knabe, der den ~~alten~~ [ochsen] führte, sprach: 'er hat gelehrt.'
und so war auch das erklärt.

5

doch der mann, in einer heitren regung
fragte noch: hat er was rausgekriegt?
sprach der knabe: dass das weiche wasser in bewegung
mit der zeit den ~~felsen stets~~ [mächtigen stein] besiegt.
du verstehst, das harte unterliegt.

6

dass er nicht das letzte tageslicht verlöre

346/96

trieb der knabe nun den ochsen an.

und die drei verschwanden schon um eine schwarze föhre

da kam plötzlich fahrt in unsern mann

und er schrie: he, du! halt an!

7

was ist das mit diesem wasser, alter?

hielt der alte. "intressiert es dich?"

sprach der mann: "ich bin nur zollverwalter

doch wer wen besiegt, das intressiert auch mich.

wenn dus weisst, dann sprich!"

8

"wenn du so was weisst, musst dus uns lehren

sowas nimmt man doch nicht mit sich fort.

es gibt doch papier bei uns und tinte

übernachten kannst du auch: ich wohne dort."

nun, das war ein wort.

9

eine höfliche bitte abzuschlagen

war der alte, wie es schien, zu alt.

denn er murmelte: vernünftige fragen

die verdienen antwort. sprach der knabe: es wird auch schon kalt.

schick dich in den aufenthalt.

lo

und von seinem ochsen stieg der weise

sieben tage schrieben sie zu zweit.

und der zöllner brachte essen (und er fluchte nur noch leise

mit dem personal [in dieser] zeit)

und dann wars so weit.

11

346/98

und dem zöllner händigte der knabe

81 sprüche ein.

~~und dann~~ bog der alte auf dem ochsen um die föhre ins gestein.

kann man höflicher sein?

aBer

aber rühmen wir nicht nur den weisen!

dessen name auf dem buche prangt!

denn man muss dem weisen seine weisheit erst entreissen.

darum sei der zöllner auch bedankt:

er hat sie ihm abverlangt.

svendborg, 7.V.38

Anmerkungen

1 Dabei sind auf die chinesischen Revolutionsbewegungen bezogene Stücke wie *Die Maßnahme* oder *Der gute Mensch von Sezuan* (das u. a. auf Sergej Tretjakows *Brülle, China* 1930 zurückgreift und dessen Textbuch Brecht nach der Revolution von 1949 um einen entsprechenden Vermerk ergänzte) immer auch im Kontext sozialistisch-revolutionärer China-Darstellungen derselben Zeit zu lesen, etwa Friedrich Wolfs im Shanghai der 20er Jahre spielendes Stück *Tai Yang erwacht* (1930); Anna Seghers' Erzählungen *Der Führerschein* (1932), *Die Gefährten* (1932), *Überbringen des neuen Programms an das Südkomitee* (1948), *Die verlorenen Söhne* (1951). Dazu Yuan Tan: *Der Chinese in der deutschen Literatur. Unter besonderer Berücksichtigung chinesischer Figuren in den Werken von Schiller, Döblin und Brecht.* Göttingen 2007, hier 32 f.

2 Vgl. beispielhaft seine Überlegungen über *Verfremdungseffekte in der chinesischen Schauspielkunst*, GBA 22, 200-210. – Brechts Werke werden, wo nicht anders angegeben, zitiert nach der von 1988 bis 2000 erschienenen *Großen kommentierten Berliner und Frankfurter Ausgabe* (GBA).
Zu Brecht und China Antony Tatlows Aufsatz *China oder Chima.* In: *Brecht heute – Brecht Today. Jahrbuch der Internationalen Brecht-Gesellschaft* 1 (1971), 27-47, sowie seine grundlegende Monographie *The Mask of Evil. Brecht's Response to the Poetry, Theatre and Thought of China and Japan. A Comparative and Critical Evaluation.* Bern u. a. 1977, und Han-Soon Yim: *Bertolt Brecht und sein Verhältnis zur chinesischen Philosophie.* Bonn 1984. Die Bedeutung chinesischer Anregungen für die »Verfremdungs«-Poetik erörtert Hans Mayer, *Bertolt Brecht und die Tradition.* München 1965, 94 ff. Eine Sonderstellung nehmen die eigentümlich zwischen Übersetzung, Nachdichtung und Neudichtung oszillierenden »chinesischen Gedichte« nach dem Po Chü I ein, die für Brechts Verhältnis zum Taoismus allerdings unergiebig sind; dazu Antony Tatlow: *Brechts chinesische Gedichte*. Frankfurt/M. 1973.

3 Jan Knopf: Art. *Svendborger Gedichte*. In: *Kindlers Neues Literatur Lexikon*, Bd. 3, München 1989, 108.

4 Roland Jost, in: *Brecht Lexikon*, hg. von Ana Kugli und Michael Opitz. Stuttgart/Weimar 2006, 173.

5 *Brecht-Handbuch*, hg. von Jan Knopf, Bd. 2: *Gedichte*. Stuttgart 2001, 299. Mit Nachdruck hat Antony Tatlow in seinem frühen und grundlegenden Aufsatz *Towards an Understanding of Chinese Influence in Brecht* das Gedicht als überhaupt »paradigmatic for his interpretation of Chinese themes« bezeichnet (in: DVjs 44, 1970, 361-387, darin über »Brecht, Lao Tse and the ›Legende‹« 375-387, hier: 375. Die *Svendborger Gedichte* ihrerseits, in denen es 1939 neben so wirkungsmächtigen Texten wie den *Fragen eines lesenden Arbeiters*, dem Kampflied von der *Einheitsfront* und den elegischen Versen *An die Nachgeborenen* zu lesen war, gelten mit demselben Recht als »eine der wichtigsten Gedichtsammlungen des 20. Jh.« in deutscher Sprache. So Jan Knopf in Walther Killy (Hg.), *Lexikon der deutschsprachigen Literatur*, Bd. 2, Gütersloh 1989, 185.

6 *Schriftsteller der DDR*, hg. von einem Autorenkollektiv u. d. Leitung von Kurt Böttcher. Leipzig 1974, 81.

7 Jan Knopf: *Bertolt Brecht*. Stuttgart 2000, 225.

8 *Schwierigkeiten, wechselnd. Zu den »Svendborger Gedichten«*. In: Jan Knopf: *Gelegentlich: Poesie*. Frankfurt/M. 1996, 141-198.

9 So Klaus-Detlef Müller über das »Moldau-Lied« in Brechts *Schweyk*: »[...] daß Brecht 1943 die seither von ihm längst überwundene Deutung der Geschichte als eines letzten Endes sinnlosen Kreislaufs vom Ende der zwanziger Jahre wieder aufnehmen konnte. In diesem Faktum liegt offenbar objektiv ein beachtenswertes Moment der Resignation.« Klaus-Detlef Müller: *»Das Große bleibt groß nicht ...« Die Korrektur der politischen Theorie durch die literarische Tradition in Bertolt Brechts »Schweyk im zweiten Weltkrieg«*. In: *Wirkendes Wort* 23, 1973, 26-44, hier: 44.

10 So, in distanzierenden Anführungszeichen, Knopf, 2000, 28.

11 So der Kritiker und spätere DDR-Kulturminister Alexander Abusch über den 1919 geschriebenen, 1925 zuerst gedruckten und in die *Hauspostille* aufgenommenen *Gesang vom Soldaten der roten Armee* (GBA 11, 312; vgl. Knopf 2000, 31).

12 Das impliziert zunächst den Vorsatz, Brechts Verhältnis zu Laotse versuchsweise als etwas Besonderes anzusehen, es also nicht einfach aufgehen zu lassen im ›Chinesischen‹, sondern zu unterscheiden von Brechts Beziehungen zu Konfuzianismus und Mohismus (also den Lehren des Konfuzius und des Mê Ti oder Mo Di), aber auch zu anderen taoistischen Lehrern, zu unterschiedlichen Traditionen der chinesischen Lyrik, des chinesischen Theaters, chinesischer Kunst und Politik. Das impliziert andererseits immer auch die Einsicht, dass Brechts Verhalten zur taoistischen wie zu jeder philosophischen Tradition genuin und geradezu offensiv eklektizistisch ist (dazu Tatlow 1977, 364). So scheint beispielsweise die für das Taoteking fundamentale Unterscheidung von Yin und Yang in seiner Rezeption keine Rolle zu spielen. Einen breiten Überblick gibt Yun-Yeop Song: *Bertolt Brecht und die chinesische Philosophie.* Bonn 1978. (Zu Brechts Verhältnis zum Taoismus dort 102-153, zum Taoteking bes. 102-129.) Umfangreiche bibliographische Hilfen zur Erschließung der westlichen Rezeption des Taoismus insgesamt gibt Knut Walf: *Westliche Taoismus-Bibliographie. – Western Bibliography of Taoism.* 5. Auflage, Essen 2003. Die *Legende von der Entstehung des Buches Taoteking auf dem Weg des Laotse in die Emigration* wird zitiert nach GBA 12, 32-34.

13 Zu diesem wichtigen Begriff Brechts vgl. den Abschnitt »Haltungen« bei Knopf 2000, 70-74.

14 Vgl. Richard Wilhelms Darstellung in seiner *Geschichte der chinesischen Literatur*, München 1926.

15 Da es hier um Brechts Rezeption des Taoteking geht und Geschichte und Beschaffenheit dieses Werkes selbst deshalb nur so weit in Rede stehen, wie sie auf diese gewirkt haben, ist zu Wilhelms Quellen nur so viel vorab festzuhalten: Wilhelm übersetzt nach der Ausgabe des (mindestens bis ins zweite vorchristliche Jahrhundert zurückreichenden, erst später unter diesen Titel gestellten) »Taoteking«, die Wang Bi im dritten Jahrhundert vorgelegt hat und die seither die kanonische geblieben ist. Darüber hinaus benutzt er, wie schon die französischen Übersetzer, das ältere Kommentarbuch des He Shang Gong, eines Taoisten aus dem zweiten vorchristlichen Jahrhundert. Dieses *He shang gong zhang ju* gliedert die überlieferten Texte erstmals in 81 Sprüche (oder »Kapitel«), die jeweils um resümierende oder kommentierende Überschriften ergänzt werden. Darauf greifen vergleichsweise frei die Überschriften in der ersten Ausgabe von Wilhelms Übersetzung zurück (die im Folgenden im Blick auf ihre rezeptionssteuernde Bedeutung stets mitgenannt werden). Dazu ausführlich das Kapitel *The »Daode jing« and its tradition.* In: Livia Kohn (Hg.):

Daoism Handbook. Leiden/Boston/Köln 2000, 1-29. Seine eigenen Auffassungen der Entstehungs- und Überlieferungsgeschichte des Textes erläutert Wilhelm in seiner *Einleitung*, VI f.

16 Wilhelm, *Einleitung*, 3. Die Geschichte ist, ebenfalls in enger Anlehnung an den Text Se Ma Tsiens, erneut erzählt worden in Rudolf Stübe: *Laotse. Seine Persönlichkeit und sein Werk.* Leipzig 1912, 11, sowie dann in Wilhelms eigener *Geschichte der chinesischen Literatur* und in der auf Wilhelms Übersetzung zurückgreifenden Laotse-Bearbeitung Klabunds (dazu s. u. S. 34 f.).

17 *Laotse: Taoteking. Das Buch des Alten vom Sinn und Leben. Aus dem Chinesischen übertragen und erläutert von Richard Wilhelm.* Zuerst: Jena 1911. Hier zitiert nach der Neuausgabe: Düsseldorf/Köln 1972, 11 und 16.

18 Die zeitweise in der Forschung umstrittene Quellenfrage entscheidet sich m. E. angesichts der detaillierten Entsprechungen zwischen Brechts Gedicht und dieser nur bei Wilhelm wiedergegebenen Illustration sowie Wilhelms (ja ausdrücklich auf diese bezogener) Paraphrase der Legende. Auch Brechts Schreibungen der Namen »Laotse« und »Taoteking« entsprechen derjenigen Richard Wilhelms.

19 Eine Einführung in den gegenwärtigen Forschungsstand gibt Florian C. Reiter: *Leben und Wirken Lao-tzus in Schrift und Bild.* Würzburg 1990. – Mit dem Begriff des »Taoismus« werden im Folgenden stets ausschließlich die sich auf Laotse zurückführenden philosophischen (und darauf bezogenen poetischen) Traditionen bezeichnet, also das, was Watts den »kontemplativen Taoismus« nennt: Alan Watts: *Der Lauf des Wassers. Eine Einführung in den Taoismus.* Unter Mitarbeit von Al Chung-liang Huang. Übersetzt von Susanne Schaup. Frankfurt/M. 1983. (*Tao. The Watercourse Way*, New York 1975.) Die etwa im zweiten nachchristlichen Jahrhundert entstandene, mit naturreligiösen, magischen und mantischen Vorstellungen und Praktiken verbundene und institutionalisierte »taoistische« Religion hingegen kann hier, da sie für Brecht wie überhaupt für die europäische Rezeption keine Rolle spielt, außer Betracht bleiben. Was Richard Wilhelm zu dieser Unterscheidung bemerkt hat, darf im Grundsatz als Konsens auch der gegenwärtigen Forschung gelten: »Das, was man heutzutage Taoismus zu nennen gewohnt ist, geht in Wirklichkeit auf ganz andere Quellen zurück als den Taoteking des Laotse. Es ist nichts weiter als die in ein gewisses System gebrachte und mit indischen Lehren verwobene animistische Volksreligion des alten China.« (*Einleitung*, XIV; vgl. Florian C. Reiter: *Grundelemente und Tendenzen des religiösen Taoismus.* Wiesbaden 1988.) Einen umfassenden Überblick über die unterschiedlichen Strömungen innerhalb dessen, was im Laufe der Geschichte als »Taoismus« bezeichnet worden ist, gibt das von Livia Kohn herausgegebene *Daoism Handbook*.

20 37. Spruch: »Ausübung der Herrschaft«.

21 3. Spruch: »Friede auf Erden«.

22 64. Spruch: »Achtung aufs Geringe«.

23 57. Spruch: »Der echte Einfluß«. Als »Berufener« übersetzt Wilhelm das chinesische »sheng«, das auch »Heiliger« bedeuten kann.

24 25. Spruch: »Des Unzulänglichen Gleichnis«.

25 Vgl. im 13. Spruch (»Abscheu vor Beschämung«): »Der Grund, warum ich große Übel erfahre, ist, / daß ich ein Ich habe. / Wenn ich kein Ich habe, / was für ein Übel gibt es dann noch?«

26 36. Spruch: »Geheime Erleuchtung«.

27 Zit. nach Karl Marx/Friedrich Engels: *Werke.* Hg. vom Institut für Marxismus-Leninismus beim ZK der SED. Berlin 1972, 28.
28 68. Spruch: »Gemeinsamkeit mit dem Himmel«.
29 Im *Wu-wei*-Kapitel bei Watts, 113-146, hier 116 und 119.
30 *Liä Dsi. Das wahre Buch vom quellenden Urgrund. Die Lehren der Philosophen Liä Yü Kou und Yang Dschu.* Aus dem Chinesischen übertragen und erläutert von Richard Wilhelm. Neuausgabe Düsseldorf/Köln 1972, Buch II, 17. Stück, 66.
31 37. Spruch: »Ausübung der Herrschaft«.
32 29. Spruch: »Vom Nichthandeln«.
33 30. Spruch: »Warnung vor dem Krieg«.
34 Eine Fehlübersetzung; in späteren Ausgaben heißt es korrekt: »Sind die Bäume stark, so werden sie gefällt.«
35 43. Spruch: »Ungehemmte Wirkung«.
36 Vgl. hier Anm. 19.
37 Brecht hat also die Attribute des Weichen, der Bewegung und des Mächtigen seiner Quelle nicht (wie gelegentlich zu lesen ist) hinzugefügt, sondern trägt sie aus dem thematisch eng verwandten 43. Spruch in das Bild des 78. ein.
38 Vom in vieler Hinsicht verwandt erscheinenden Buddhismus – oder dem, was europäische Intellektuelle in der Schopenhauer-Nachfolge als Buddhismus rezipierten – unterscheidet sich der Taoismus grundlegend durch das Fehlen jeder Weltverneinung. Er ist nicht darauf ausgerichtet, dem Kreislauf des Lebens (oder des »Willens«) zu entkommen, sondern nur darauf, sein Leben in einer seinen eigenen Gesetzmäßigkeiten entsprechenden Weise zu führen. Nicht das Nirwana ist sein Ziel, sondern ein Zustand selbstvergessen glücklichen Daseins.
39 *Die Philosophie im Fortgang der Weltgeschichte. Teil 1: Die Grundlagen der Philosophie im Morgenland. Erste Abtheilung: Sina.* Bonn 1827.
40 Richard Wilhelm wird dann die drei Bezeichnungen, die im 14. Spruch das Wesen des Tao umschreiben sollen, assonierend übersetzen mit »Gleich« (in späteren Ausgaben: »Keim«), »Fein« und »Klein«; in seinem Kommentar ist dazu zu lesen: »Die Versuche, aus den chinesischen Lauten I, Hi, We den hebräischen Gottesnamen herauszulesen, dürfen wohl als endgültig erledigt betrachtet werden. (Victor von Strauß glaubte bekanntlich noch daran; vgl. seine Übersetzung.)« Wilhelm, 94. Die moderne Übersetzung Günther Debons übersetzt adjektivisch: »plan«, »heimlich«, »subtil«: *Tao-Tê-King. Das heilige Buch vom Weg und von der Tugend*, hg. von Günther Debon. Stuttgart 1961, 40.
41 Diese Übersetzung des *Tao-tê-king* ist bis heute in der Zürcher »Bibliothek Manesse« in mehreren Auflagen greifbar geblieben. Im für die theologische Auslegung wichtigen 14. Spruch gibt Strauß die in ihrer Deutung umstrittenen Silben zunächst nur in Transkription wieder, um den Anklang an den Gottesnamen hörbar zu machen, und fügt die deutschen Übersetzungen der Silben in Klammern hinzu, um dann gleichsam resümierend die christliche Trinitätslehre durchscheinen zu lassen: »sein Name ist: Ji (gleich), [...] / Hi (wenig), [...] / Weh (fein) / Diese Drei können nicht ausgeforscht werden, / darum werden sie verbunden und sind Eins.«
42 34. Spruch: »Die Aufgabe der Vollendung«; vgl. Mt 6,26.
43 7. Spruch: »Verhüllung des Lichts«.
44 35. Spruch: »Das Leben der Liebe«.
45 17. Spruch: »Reinheit des Wirkens«; vgl. Joh 19,30.

46 10. (»Möglichkeiten«) und 28. Spruch (»Rückkehr zur Einfalt«); vgl. Mt 18,3 und 19,14.

47 19. Spruch: »Rückkehr zur Echtheit«; vgl. Röm 13,14 u. a.

48 Beides im 44. Spruch: »Warnung«; vgl. Phil 4,11 u. a. sowie Ps 62,11 u. a.

49 48. Spruch: »Vergessen des Erkennens«; vgl. Lk 9,62.

50 62. Spruch: »Verwirklichung des Sinns«; vgl. Mt 7,8 und Lk 11,10.

51 78. Spruch: »Was man dem Glauben überlassen muß«.

52 So Brechts vielzitierte Antwort auf eine Zeitschriften-Frage nach seinem Lieblingsbuch (*Die losen Blätter*, Beilage zu *Die Dame*) im Oktober 1928. Dazu Eberhard Rohse: *Der frühe Brecht und die Bibel. Studien zum Augsburger Religionsunterricht und zu den literarischen Versuchen des Gymnasiasten.* Göttingen 1983, 14.

53 Wilhelm, Einleitung, XV f. In einem Essay hat Wilhelm sich 1928 noch einmal ausführlicher zum Verhältnis von *Goethe und Laotse* geäußert. – Das Wort »Leben« schließt hier vitalistische (und in diesem Sinne geradezu biologische) Vorstellungen ebenso ein wie moralische: als Bezeichnung einer ursprünglichen, unversiegbaren ›Lebenskraft‹ und eines ›richtigen Lebens‹ zugleich. Gerade so scheint es dem Sinn des mehrdeutigen chinesischen Begriffs durchaus nahezukommen.

54 4. Spruch: »Von Ewigkeit her«.

55 Elias Canetti: *Die Provinz des Menschen.* Frankfurt/M. 1976, 279 f.

56 Klabund, *Werke in acht Bänden*. Hg. von Christian von Zimmermann, Heidelberg 1998-2003, Bd. 7, 39.

57 *Dumpfe Trommel und berauschtes Gong. Nachdichtungen chinesischer Kriegslyrik von Klabund*. Leipzig 1915.

58 *Li-tai-pe. Nachdichtungen von Klabund.* Leipzig 1916. Zu Klabunds China-Rezeption Kuei-Fen Pan-Hsu: *Die Bedeutung der chinesischen Literatur in den Werken Klabunds. Eine Untersuchung zur Entstehung der Nachdichtungen und deren Stellung im Gesamtwerk.* Frankfurt/M. 1990.

59 Vgl. Christian von Zimmermanns Kommentar in seiner Neuausgabe von Klabunds *Werken in acht Bänden*, Bd. 7, 244.

60 Der Nachwelt vor allem als Freund Georg Trakls im *Brenner*-Kreis und als Kritiker Thomas Manns in Erinnerung geblieben; vgl. Thomas Mann: *Essays I: 1893-1914. Kommentar.* Frankfurt/M. 2002 (GKFA 14.2), 435.

61 Vgl. seinen dort als Nachwort erschienenen Essay *Die Lehre von Tao* in: Martin Buber: *Werke*, Bd. 1, München/Heidelberg 1962, 1023-1051.

62 Zit. nach Zimmermanns Kommentar in Bd. 7 der Klabund-Ausgabe, 265.

63 Laotse: *Tao Teh King. Vom Geist und seiner Tugend.* Übertragung von H. Federmann. München 1920.

64 Klabunds Übertragung des auf Li Hsing-tao zurückgehenden Schauspiels *Der Kreidekreis* war 1925 erschienen; Brecht hat darauf bereits im Anhang zu *Mann ist Mann* 1926 reagiert und Klabunds Anregung nach dem eigenen *Kreidekreis*-Stück von 1938 noch einmal in der Erzählung vom *Augsburger Kreidekreis* (1940) aufgenommen.

65 Klabund, *Nachwort*, in: *Werke*, Bd. 7, 65.

66 Klabund, *Werke*, Bd. 7, 39.

67 In einem Privatbrief, zit. nach Zimmermanns Kommentar zu Klabund, *Werke*, Bd. 7, 263.

68 Ebd.

69 Klabund, *Werke*, Bd. 8, 229 f.

70 Klabund, *Werke*, Bd. 4.1, 424. Als »I-Hi-Wei« ist ein ganzes Kapitel dieses Gedichtbuches überschrieben (*Werke* 4.1, 410-437).

71 Ebd. Unmittelbar darauf wird die Überbietung dann wieder relativiert zu einer bloß chronologischen Folge: »In Laotse sah er zum ersten Male: Sich. / Danach in Buddha. / Danach in Christus.«

72 Klabund, *Werke*, Bd. 4.1, 412.

73 Klabund, *Werke*, Bd. 7, 162.

74 Dirk von Petersdorff: *Fliehkräfte der Moderne. Zur Ich-Konstitution in der Lyrik des frühen 20. Jahrhunderts.* (Hermaea. Germanistische Forschungen. N. F., 107.) Tübingen 2005, 152; dazu auch Hans-Harald Müller und Tom Kindt: *Brechts frühe Lyrik – Brecht, Gott, die Natur und die Liebe*. München 2002, 103.

75 In der Fassung von 1919; GBA 1, 55.

76 *Vom ertrunkenen Mädchen*, erste und letzte Strophe; entstanden um 1919, Erstdruck 1922. (GBA 11, 109) Vgl. Müller/Kindt, 57, und Christine Arendt: *Natur und Liebe in der frühen Lyrik Brechts.* Frankfurt/M. u. a. 2001 (Hamburger Beiträge zur Germanistik, 35), 75-80.

77 *Vom Schwimmen in Flüssen und Seen,* vierte und letzte Strophe, GBA 11, 73; geschrieben 1919, Erstdruck 1921.

78 Petersdorff, 155, mit einem Verweis auf Kurt Tucholskys in dieselbe Richtung weisende Besprechung gerade dieses Gedichts.

79 Petersdorff, 155.

80 Wilhelm, *Einleitung*, 34.

81 In: Hans Otto Münsterer: *Bert Brecht. Erinnerungen aus den Jahren 1917-1922.* Zürich 1963, 100; vgl. Tan, 196. Brecht greift die Namensform »Litaipee« aus Klabunds 1915 und 1916 erschienenen Nachdichtungen des Li Bo (oder Li Po) auf (*Dumpfe Trommel und berauschtes Gong*; *Li-tai-pe*); das hinzugefügte zweite »e« ist vermutlich als phonetischer Ausdruck gesteigerte Emphase zu verstehen.

82 GBA 14, 256.

83 *Pfemfert contra Klabund*, in: *Der Revolutionär*, Februar 1920, 26-29. Zit. nach Zimmermanns Kommentar in Klabund, *Werke*, Bd. 7, 264. Zum Kontext Christian von Zimmermann: *Klabautermann und Vagabund. Eine Einführung in Leben und Werke Klabunds (1890-1923). Begleitheft zur Kabinett-Ausstellung*. Lübeck 2000, bes. 13 und 16.

84 Der Vortrag erschien wenig später auch als Druckschrift bei Rowohlt: *Die Wirtschaftsorganisation Sowjet-Rußlands.* Berlin 1920. Im selben Jahr hat Goldschmidt auch die »Tagebuchblätter« *Moskau 1920* und – in der Reihe der »Räte-Lehrbücher« – den Leitfaden *Wie lesen Arbeiter und Angestellte eine Bilanz?* veröffentlicht.

85 GBA 26, 163.

86 Tagebuch 1920, GBA 26, 168. Kurz darauf folgt eine Notiz, die sich auf das Ziel einer gemeinsamen Reise und vermutlich auf die Ausleihe der Laotse-Übersetzung bezieht: »Für Warschauer: Baden + Lao-tse.«

87 Max Weber: *Die Wirtschaftsethik der Weltreligionen. Konfuzianismus und Taoismus. Schriften 1915-1920.* Hg. von Helwig Schmidt-Glintzer in Zusammenarbeit mit Petra Kolonko. In: Max-Weber-Studienausgabe, Bd. I/19. Tübingen 1991. Zur Entstehung vgl. das umfangreiche Nachwort des Herausgebers.

88 Ebd., 160.

89 Ebd., 27.

90 Ebd., Überschrift des VI. Kapitels.
91 Ebd., Überschrift des VII. Kapitels.
92 Ebd., 161.
93 Ebd., 111.
94 Ebd.
95 Ebd., 152 f.
96 Ebd., 160, Anm. 11.
97 Ebd., 162.
98 Ebd.
99 Ebd., 163.
100 Ebd.
101 Ebd.
102 Tatlow 1977, 404.
103 Weber, 163 f.
104 So differenzierend die neuere Sinologie Webers Bild eines in konfuzianische Starre verfallenen chinesischen Gesellschaftssystems als Variante europäischer China-Klischees kritisiert hat, so unwidersprochen ist doch, soweit ich sehe, seine typologische Kontrastierung der »orthodoxen« konfuzianischen Staatslehre und ihrer »häretischen« oder »heterodoxen« taoistischen Subversion geblieben.
105 Alfred Döblin: *Die drei Sprünge des Wang-lun. Chinesischer Roman.* München 1989 (zuerst Berlin 1915; hier zitiert nach: *Werke in Einzelbänden*). Auf den Romancier Döblin war Brecht aufmerksam geworden durch die Lektüre von *Wadzeks Kampf mit der Dampfturbine*, das er dann auch im Tagebuch zusammen mit dem *Wang-lun*-Roman erwähnt (vgl. Werner Hecht, *Brecht-Chronik, 1898-1956*, 100).
106 Tan, 79. Zur Bedeutung des Romans für Brechts ›chinesisches‹ Schauspiel *Der gute Mensch von Sezuan* O. Durrani: *Shen Te, Shui Ta, and »Die drei Sprünge des Wang-lun«*. In: *Oxford German Studies* 12 (1981), 111-121, hier: 116-121. Vgl. auch Jia Ma: *Döblin und China. Untersuchung zu Döblins Rezeption des chinesischen Denkens und seiner literarischen Darstellung Chinas in »Die drei Sprünge des Wang-lun«*. Frankfurt/M. 1993 sowie Anke Detken: *Zwischen China und Brecht: Masken und Formen der Verfremdung in Döblins »Die drei Sprünge des Wang-lun«*. In: Steffan Davies/Ernest Schonfield (Hg.): *Beyond the Alexanderplatz.* Berlin 2008.
107 Dazu Walter Muschg: *Nachwort des Herausgebers.* In: Döblin: *Wang-lun*, 1989, 481-502. (Zuerst 1960.) Zuweilen ist das Werk schlechthin als *Der erste moderne deutsche Roman* bezeichnet worden (so der Titel von Walter Falks Aufsatz in der *Zeitschrift für deutsche Philologie* 89, 1970, 510-531).
108 Tan, 79. Also »auch im Rahmen der chinesisch inspirierten Denkweisen und Dichtungen markiert der Roman eine wichtige Entwicklung« – so Ingrid Schuster: *China und Japan in der deutschen Literatur 1890-1925*. Bern/München 1977, 168.
109 Durrani 1981, 112.
110 Tagebuch 1920, GBA 26, 167.
111 Das hat die neuere Döblin-Philologie (gegen Kritiker wie Ki-Chung Bae: *Chinaromane in der deutschen Literatur der Weimarer Republik*, Marburg 1999, Zheng Fee: *Alfred Döblins Roman »Die drei Sprünge des Wang-lun«. Eine Untersuchung zu den Quellen und zum geistigen Gehalt.* Frankfurt/M. 1991, und Hae-in Wang: *Ostasiatische Anschauungen in der deutschen Lite-*

ratur des 20. Jahrhunderts unter besonderer Berücksichtigung von Alfred Döblin und Hermann Kasack, Bonn 1979) überzeugend geltend gemacht; vgl. schon das Nachwort von Walter Muschg zur Neuausgabe des *Wang-lun* 1989 sowie Schuster, Tan und Han Bok Hie: *Döblins Taoismus. Untersuchungen zum Wang-lun-Roman und den frühen philosophisch-poetologischen Schriften.* Diss. phil. Göttingen 1992.

112 Buch IV, 3. Stück; Neuübersetzung des *Liä-Dsi*, Wilhelm 88.

113 Buch III, 2. Stück; Wilhelm 75.

114 Guan Yin Hi (also Yin Hi, der Grenzwart des Passes, des »Guan« von Han Gu); das wird bereits in Wilhelms *Taoteking*-Übersetzung erläutert.

115 Wilhelm fügt hier erläuternd ein: »(schmiegsam)«.

116 Buch IV, 15. und letztes Stück; Wilhelm 96. *Dass* er überhaupt in solchen Worten lehrt, das stellt freilich auch hier einen Widerspruch in sich selbst dar, denn vom Tao (wiederum übersetzt als »SINN«) gilt auch hier: »Nur schweigend erlangt man ihn.« (Ebd.)

117 Döblin, 100.

118 Döblin, 79 f. Döblins Leitmotiv vom »weißen« statt ›weichen‹ Wasser beruht vermutlich auf einer – beabsichtigten oder irrtümlichen? – Kontraktion des Wassergleichnisses – und auch des Namens der historischen Wang-lun-Bewegung, »Reines Wasser« – mit dem Namen der religiösen Bewegung, an die sich diejenige des historischen Wang-lun anschloss: »Weißer Lotos«, im Roman: »Weiße Wasserlilie«; dazu Barend Johannes ter Haar: *The White Lotus Society and the White Lotus Teachings. Reality and Label.* Leiden 1989.

119 Döblin, 471.

120 Muschg, 487.

121 Ein charakteristisches Beispiel für die von Döblin hergestellte Nähe zwischen Taoismus und Bibel: Vor dem Schöpfer (hier: »Im Leben dieser Erde«) sind tausend Jahre wie ein Tag, Ps 90,4.

122 Döblin, 7 f.

123 In Wilhelms Übersetzung überschrieben als »Offenbarungen der unsichtbaren Welt«; vorangestellt hat Wilhelm wieder ein *Faust*-Zitat, »Alles Vergängliche / Ist nur ein Gleichnis / Das Unzulängliche / Hier wird's Ereignis.« (Liä Dsi, 33)

124 Liä Dsi, 44 f.

125 Eine vorzügliche und konzise Analyse der futuristischen Erzählverfahren im gesamten »chinesischen Roman« Döblins – der immer wieder mit Marinettis »afrikanischem Roman« *Mafarka le futuriste* (1909) in Beziehung gebracht worden ist, gibt Tan, 131-146.

126 Dazu Adrian Hsia: *Hermann Hesse und China.* Frankfurt/M. 1974.

127 Rohse, *Brecht und die Bibel.* – Albrecht Schöne: *Bertolt Brecht. Theatertheorie und dramatische Dichtung.* In: *Euphorion* 52 (1958), 272-296.

128 Belege zusammengestellt bei Tatlow 1977 im Kapitel »The Flux of Things«, 455-468.

129 Uraufführung 1923, Druck 1927. GBA 1, 478. Mit dem Hinweis »(Garga zu Shlink)« notiert Brecht im Oktober 1921 ins Tagebuch: »Ich weiß, ›die Wasser nehmen es mit ganzen Gebirgen auf‹«; GBA 26, 247.

130 GBA 24, 113.

131 Tatlow 1977, 459. Döblin zitiert das nach dem 17. Stück des 2. Buches in Wilhelms Liä-Dsi-Übersetzung: »Übe dich im Schwachsein«, so heißt es dort, »so wirst du stark.« (Liä Dsi, 66)

132 2 Kor 12,10.

133 GBA 12, 315. Dazu Albrecht Schöne: *Vom Biegen und Brechen.* Jetzt in: ders.: *Vom Betreten des Rasens. Siebzehn Reden über Literatur.* Hg. von Ulrich Joost, Jürgen Stenzel, Ernst-Peter Wieckenberg. München 2005, 19-46, hier: 39 f.

134 Die frühe Fassung *Morgendliche Rede an den Baum Green* GBA 11, 55, die späte u. d. T. *Morgendliche Rede an den Baum Griehn* ebd. 306.

135 GBA 18, 13 f. Die Geschichte ist in der Forschung mehrfach mit der taoistischen Tradition in Verbindung gebracht worden. Klaus Heinrich: *Versuch über die Schwierigkeit nein zu sagen* (Frankfurt/M. 1964, 55), verweist ebenso auf Laotse wie Song, 107-117; bis zu einer Identifikation Keuners und Laotses geht John Milfull: *From Baal to Keuner. The ›Second Optimism‹ of Bertolt Brecht.* Bern u. a. 1974, 93. Differenzierend dazu Arne Pelka: *Brechts »Geschichten vom Herrn Keuner« unter Berücksichtigung der ästhetischen und politischen Kontexte.* Staatsexamensarbeit, Göttingen 2008, 87-89.

136 Watts, 116.

137 Dazu Song, 113-117, mit ausdrücklichem Verweis auf die Laotse-Ballade und über den *Galilei,* 117-129.

138 GBA 5, 72 f.

139 GBA 24, 239 f.

140 Vgl. Song, 127 f. Tatlow 1970 führt die Verse ausschließlich auf das Taoteking zurück: »This is a summary of Lao Tse's ethic« (375).

141 GBA 12, 86; vgl. ebd. den Kommentar 387 sowie zu Entstehungsgeschichte und Aufbau den Artikel von Karl-Heinz Schoeps im *Brecht-Handbuch,* Bd. 2, 274-281. Entstanden ist diese Strophe bereits im Jahr 1934.

142 Auf die augenfällige Motiv-Parallele zum Laotse-Gedicht weist Tatlow 1977, 464 f., hin. Dazu auch, im Blick auf die politischen Ambivalenzen des *Schweyk* insgesamt Klaus-Detlef Müller 1973 und Albrecht Schöne: *Über politische Lyrik im 20. Jahrhundert. Mit einem Textanhang.* Göttingen 1965.

143 *Berliner Börsen-Courier* 1925, GBA 19, 200.

144 Selbst der umsichtige Tatlow, konzentriert auf den Nachweis eines genuin dialektischen (und deshalb mit Brechts Marxismus leicht kompatiblen) Laotse-Verständnisses in Brechts Gedicht, tadelt: »there is no sense of involvement in the anecdote, there is nothing that is deeply felt.« (Tatlow1970, 378) Knopf würdigt den Text beiläufig als »eine Prosafassung der Legende«, bezieht ihn also auch auf Wilhelms Paraphrase des Se Ma Tsien zurück und nicht nur auf die spätere Ballade voraus (Knopf 1996, 163).

145 80. Spruch: »Selbständigkeit«.

146 22. Spruch: »Wert der Demut«.

147 GBA 14, 64 f.

148 GBA 14, 495; *Brecht Lexikon* 178. Ebenso dort zum Stichwort »Dialektik«, wo »die Philosophie des Vorsokratikers Heraklit [...], nach dem die Welt in einem Prozess ständigen Werdens begriffen ist«, zu den für Brecht wichtigen »antiken Vorläufern des dialektischen Materialismus« gezählt und dazu sowohl auf das *Buch der Wendungen* als auch auf den »Gedichttitel *Lied vom Fluß der Dinge*« verwiesen, die taoistische Tradition des Motivs hingegen nicht erwähnt wird (*Brecht Lexikon,* 70 f.). Allein auf die Dialektik bezieht auch Patrick Primavesis Artikel im *Brecht-Handbuch,* Bd. 2, 175-178, den Text.

149 Angefangen mit der Bestimmung des Tao als »immer im Flusse« im 25. Spruch des Taoteking (bei Wilhelm: »Des Unzulänglichen Gleichnis«).

150 Undatiertes Fragment, GBA 28, 369. Der erwähnte Sammelband, den Kraus plante, erschien erst postum 1937 u. d. T. *Die Sprache*.

151 Das Typoskript des *Gedichts* ist von Margarete Steffin datiert: »svendborg, 7. V. 38«; das wird – so auch Tatlow im *Brecht-Handbuch* – etwa den Abschluss des Textes markieren, jedenfalls den der ersten Fassung.

152 Diese Überschrift verweist ihrerseits zurück auf das religiöse Pastiche »Chroniken« in der *Hauspostille*.

153 GBA 18, 433-435. Wieder aufgenommen wird das Gedicht 1949 in die veröffentlichte, aus Gedichten und Prosatexten zusammengestellte und nicht zuletzt dank ihrer Verwendung als Schullektüre immens wirkungsvolle Sammlung der *Kalendergeschichten*.

154 Brecht schreibt »Benjamins Kommentar zum Laotsegedicht«, den er irrigerweise der »Basler Zeitung Literarische Beilage« aus der Zeit »1936/37« zuschreibt (Brecht-Archiv, Notizbuch, 69). Vgl. auch Mi-Ae Yun: *Walter Benjamin als Zeitgenosse Bertolt Brechts: eine paradoxe Beziehung zwischen Nähe und Ferne.* Göttingen 2000.

155 Benjamin; *Kommentare zu den Gedichten von Brecht.* Wiederabgedruckt in Benjamin, *Gesammelte Schriften*, Bd. II.2, hg. von Rolf Tiedemann und Hermann Schweppenhäuser. Frankfurt/M. 1977, 568-572. – Zum Freitod Benjamins wird Brecht dann einen poetischen Nachruf verfassen, der das Motiv von der ohnmächtigen Güte aus seiner Laotse-Ballade wiederaufnimmt: »und die guten Kräfte / Sind schwach«; in dieser Lage, »an eine unüberschreitbare Grenze getrieben / Hast du, heißt es, eine überschreitbare überschritten.« (*Zum Freitod des Flüchtlings W. B.*, GBA 15, 48.)

156 Marianne Kesting: *Bertolt Brecht in Selbstzeugnissen und Bilddokumenten*, Reinbek b. H. 1959, 88.

157 Damit soll nichts gegen die Möglichkeit gesagt sein, die »Legende« insgesamt als Veranschaulichung des dort bezeichneten Verhaltens zu lesen.

158 Tatlow im *Brecht-Handbuch*, Bd. 2, 301; Mi-Ae Yun, 132.

159 Knopf 1996, 165. Die Bemerkung spielt an auf das Bemühen um eine antifaschistische Volksfront und die Verwerfungen der »Expressionismusdebatte«, s. o. S. 82-85.

160 Ebd. 166.

161 Bernhard Schulz: *Bert Brechts »Legende von der Entstehung des Buches Taoteking auf dem Weg des Laotse in die Emigration«. Zum Tode des Dichters am 14. August 1956.* In: *Wirkendes Wort* 7 (1956/57), 81-86, hier 86.

162 Christiane Bohnert: *Brechts Lyrik im Kontext. Zyklen und Exil.* Königstein/Ts. 1982, 101 f.

163 Franz Norbert Mennemeier: *Bertolt Brechts Lyrik. Aspekte, Tendenzen.* Düsseldorf 1982, 171.

164 Ebenso entschieden textfern deutet Mennemeier dann auch die eigentliche Niederschrift des *Taoteking* um. »Laotse, als Weiser einen ›bestimmten‹ Zweck seiner Reise nicht verfolgend« (aber war sein erklärtes Ziel nicht von Beginn an die »Ruh'«?), »[...] läßt sich auf die Unterbrechung, die der Zöllner ihm vorschlägt, ein, weil sie ihm in doppelter Hinsicht einen produktiven Fortschritt verspricht [...]. Der Reiz der Gelegenheit, die sich beim Grenzübergang bietet, liegt für den Weisen darin, daß er die Chance erkennt, seine ›Theorie‹ ›praktisch‹ werden zu lassen.« Womit der Verfasser des *Tao-*

teking vollends zum Urbild des engagierten Soziologen wird. (Mennemeier, 171 f.)

165 Albrecht Kloepfer: *Poetik der Distanz. Ostasien und ostasiatischer Gestus im lyrischen Werk Bertolt Brechts.* München 1997, 99.

166 Tatlow 1970, 376. Selbst Walter Hincks umsichtige und erhellende Interpretation von 1995 nimmt überraschend umstandslos an, dass die Lehre Laotses »dem Geschichtsbild Brechts vom Wechsel der Klassenherrschaft unmittelbar entgegenkam«. Walter Hinck: *Der Weise und der Wißbegierige.* In: Jan Knopf (Hg.): *Interpretationen. Gedichte von Bertolt Brecht.* Stuttgart 1995, 130-146.

167 Antony Tatlow: *The Mask of Evil. Brecht's Response to the Poetry, Theatre and Thought of China and Japan. A Comparative and Critical Evaluation.* Bern u. a. 1977.

168 Tatlow 1977, 467. Vgl. auch ders. 1971, 42.

169 Vgl. etwa seine *Kantate zu Lenins Todestag*, GBA 12, 57-60.

170 Zur Entstehungsgeschichte und Komposition des gesamten Bandes vgl. Knopf 1996, 151-198.

171 *Abbau des Schiffes Oskawa durch die Mannschaft*, GBA 12, 41-43.

172 Karl Gjellerups *Der Pilger Kamanita* (dänisch u. d. T. *Pilgrimmen Kamanita*, Kopenhagen 1906; deutsche Übersetzung: Frankfurt/M. 1907).

173 Nicht nur räumlich stehen die Laotse- und die Buddha-Ballade in den »Chroniken« der *Svendborger Gedichte* nahe beieinander. Bei Wilhelm hat Brecht im selben Kontext, in dem es um Laotses Gang in die Emigration ging, auch von der Sage lesen können, Laotse sei nach Indien gelangt und habe dort den Buddha belehrt; bei Wilhelm wie bei anderen Übersetzern wird auch die unter Sinologen noch im 19. Jahrhundert diskutierte (und zweifellos abwegige) Behauptung erörtert, das Taoteking sei womöglich »eine buddhistische Fälschung aus späterer Zeit« – was die gedankliche Verwandtschaft beider Lehren noch zusätzlich hervorhebt. Was auch immer er von dieser Debatte wahrgenommen haben mag – die Schlusswendung im Buddha-Gedicht transponiert das Problem, das Brecht selbst im Umgang mit seiner taoistischen Ballade bemerkt hat, gewissermaßen in die buddhistische Sphäre.

174 GBA 12, 32-34.

175 Beide Zitate GBA 12, 60.

176 Im Traum vom *Besuch bei den verbannten Dichtern*, GBA 12, 35.

177 8. Spruch (»Das Wesen der Beweglichkeit«). Vgl. den Schluss des 32. Spruchs (»Das Leben der Berufenen«): »Man kann das Verhältnis des SINNS zur Welt vergleichen / mit den Bergbächen und Talwassern, die sich in Ströme und Meere ergießen.« Ähnlich der 66. Spruch (»Selbstverleugnung«): »Daß Ströme und Meere die Könige sind aller Täler, / das kommt davon, daß sie tüchtig sind im Untensein. / Darum sind sie die Könige aller Täler.«

178 »Ruhe und Friede sind ihm das Höchste. / Er siegt, aber er freut sich nicht daran.« (31. Spruch: »Die Waffen nieder«.)

179 GBA 12, 81.

180 Ebd., 35.

181 GBA 14, 185 f., dies ist Anfangs- und Titelzeile des Gedichts.

182 März 1942; GBA 23, 9.

183 Tan, 241.

184 Obwohl es auch hier scheint, als sei Tan jedenfalls der Erste, der diese Beobachtung formuliert hat.

185 GBA 12, 33.

186 Wilhelm, *Einleitung*, IX.

187 Tatlow 1977, 467.

188 Alfred Forke: *Mê Ti des Sozialethikers und seiner Schüler philosophische Werke, zum ersten Male vollständig übersetzt, mit ausführlicher Einleitung, erläuternden und textkritischen Erklärungen versehen.* Berlin 1922 (Mitteilungen des Seminars für Orientalische Sprachen an der Friedrich-Wilhelms-Universität zu Berlin, Beiband zum Jg. 23/25), 1-158.

189 Vgl. Tatlow, *Brechts chinesische Gedichte*, 11 f.; kritisch dazu Helwig Schmidt-Glintzer: *Mo Ti und Bertolt Brechts »Buch der Wendungen«*. In: *Mo Ti: Von der Liebe des Himmels zu den Menschen.* Aus dem Chinesischen übersetzt und hg. von Helwig Schmidt-Glintzer. München 1992, 229-249, hier: 231.

190 Dazu grundlegend Schmidt-Glintzer 1992 und Mei-Ling Luzia Wang: *Chinesische Elemente in Bertolt Brechts »Me-ti. Buch der Wendungen.«* Frankfurt/M. u. a. 1990. – In einem 1934 entstandenen Text (GBA 18, 194) verweist Brecht nachdrücklich auf die »Lehre Mo Dis«, die »nach ihrer fast völligen Verdrängung durch die Konfuzianer im letzten Jahrhundert wieder in den Vordergrund getreten« sei. Diese Lehre, die ja tatsächlich und ausdrücklich *Gegen die Konfuzianer* gerichtet war, vertritt in diesem Kontrast die fortdauernde Dynamik eines konkurrierenden Denkens auf demselben Feld, ließe sich im gegenwartsbezogenen Kontext also etwa beziehen auf den Kontrast zwischen stalinistischer Ordnung und marxistischer Dialektik.

191 Wilhelm, Einleitung ins *I Ging*, S. VIII (in der Neuausgabe Düsseldorf/Köln 1972, 15). Annya Feddersens Artikel im *Brecht Lexikon* (37 f.) stellt diesen Bezug ebenso ausdrücklich heraus wie der Kommentar zur Neuausgabe GBA 18, 493; beide verweisen auch auf den Titel von Wilhelms Übersetzung, beziehen den Text jedoch allein auf die konfuzianische Tradition.

192 GBA 22.1, 87. In ähnlicher Akzentuierung spricht eine 1930 entstandene Notiz vom »In-Fluß-Sein der Realität« (GBA 18, 517).

193 GBA 18, 73 f. Der Kommentar nennt ausdrücklich sowohl Heraklit als auch Laotse als mögliche Anreger.

194 GBA 18, 499; es geht um die Zuordnung des jetzt in der GBA unter der Überschrift *In der Nähe großer Menschenmassen* erscheinenden Textes. Der Kommentar ebd. schlägt aus mir nicht erkennbaren Gründen vor, dies als eine mögliche Überschrift lediglich für »ein Kapitel des *Buchs der Wendungen*« zu verstehen.

195 GBA 18, 113. Der Text ist nicht genau zu datieren; er ist irgendwann zwischen 1934 und 1940 entstanden (GBA 18, 536).

196 Dass diese Dauer das eigentlich zentrale Prinzip des Taoismus sei, erläutert Günther Debon, 5.

197 1933/34; unveröffentlichtes Manuskript im Brecht-Archiv; zit. nach Tatlows Artikel im *Brecht-Handbuch*, Bd. 2, 301 (meine Hervorhebung). Tatlow kommentiert, Brecht betone in dieser Notiz den »Unterschied etwa zwischen dem heraklitischen oder dem taoistischen und einem auch im Buddhismus vorhandenen, aktivierenden Fluss der Dinge«; davon vermag ich hier nichts zu erkennen.

198 So im 4. Spruch (»Von Ewigkeit her«) und im 25. Spruch (»Des Unzulänglichen Gleichnis«).

199 Erstmals hat Tatlow 1970 das Typoskript mitsamt seinen Überarbeitungen einer Analyse unterzogen (378-383). Festzuhalten ist, dass das Typoskript

über die maschinenschriftlichen Korrekturen hinaus mindestens drei weitere Überarbeitungsstufen aufweist (Tinte, Bleistift, Rotstift). Die Nummern der Strophen sind durch die Verwendung eines roten Farbbands hervorgehoben: auch die von Hand eingefügten Kreuzchen, die die Position der später hinzugefügten 9. Strophe markieren, sind in roter Farbe gehalten. Auf diese Differenzierungen wird in den folgenden Anmerkunngen nicht weiter eingegangen.

200 Handschriftlich eingefügt: »wieder einmal«.

201 Handschriftlich korrigiert zu: »ochsen«. Der Satz »er hat gelehrt« ist nachträglich handschriftlich in Anführungszeichen gesetzt.

202 Handschriftlich korrigiert zu: »mächtigen stein«.

203 Davor gestrichen: »aber«.

204 Handschriftlich korrigiert zu: »›schreib mirs auf! diktier es diesem kinde!«

205 Handschriftlich korrigiert zu: »da gibts«.

206 Handschriftlich korrigiert zu: »und ein nachtmahl gibt es auch:«.

207 Handschriftlich korrigiert zu: »nun, ist das ein wort?‹«.

208 Handschriftlich korrigiert zu: »sagte laut: die etwas«.

209 Handschriftlich korrigiert zu: »gut! ein kleiner aufenthalt!«, dies durchgestrichen.

210 Darüber handschriftlich nachgetragen: »nachtmahl«.

211 Korrigiert aus: »mehr«.

212 Die Worte »in dieser« sind handschriftlich eingeklammert; über der Zeile ist handschriftlich notiert: »den schmugglern über [das letzte Wort sofort korrigiert zu »durch«] die ganze«, dies ist wiederum korrigiert zu: »in der ganzen«.

213 Am Anfang der zweiten Zeile ist handschriftlich eingefügt: »eines morgens«. Die dritte Zeile ist handschriftlich korrigiert zu: »mit dank für eine kleine reisegabe«.

214 Am Zeilenanfang handschriftlich eingefügt: »sagt jetzt:«.

215 Korrigiert aus: »weisen!«.

216 Darauf hat zuerst Tatlow 1970, 381, hingewiesen. – Schon in der frühesten erhaltenen Notiz ist die Rede von einem »zollwächter«.

217 Silvia Schlenstedt: *Die »Chroniken« in den »Svendborger Gedichten«. Eine Untersuchung zur Lyrik Brechts.* Diss. (masch.) Berlin/DDR 1959, 127. Vgl. Bohnert, 101; Knopf, Kommentar, 368, und ders., 1996, 159.

218 64. Spruch: »Achtung aufs Geringe«.

219 Wilhelm bemerkt zur Historizität des Laotse, »daß die Kritik [...] ihm samt seinem Werk im Gebiet der Mythenbildung den Platz anwies. Der Autor selbst würde nach seiner ganzen Art auch wenig dagegen einzuwenden haben. Auf Berühmtheit hat er nie Wert gelegt, und er hat es verstanden, sich vor den Augen der Welt gut zu verbergen, sowohl zu seinen Lebzeiten als auch nach seinem Tode. [...] Laotse hat nicht wie Kung [Kung-tse, d. i. Konfuzius] eine Schule gegründet. Dazu hatte er weder Lust noch Bedürfnis. Denn ihm lag nicht daran, eine Lehre zu verbreiten.« (Wilhelm, *Einleitung*, 9 und 18)

220 15. Spruch: »Wie das LEBEN sich zeigt«.

221 So der 2. Spruch (»Pflege der Persönlichkeit«); vgl. im 19. Spruch (»Rückkehr zur Echtheit«): »Gebt auf die Heiligkeit, werft weg die Erkenntnis: / Und das Volk wird hundertfach gewinnen!« Und zu Beginn des 20. (»Abseits von der Menge«): »Gebt auf eure Gelehrsamkeit: / so werdet ihr frei von Sorgen.«

222 56. Spruch: »Verborgenes LEBEN«.
223 27. Spruch: »Weisheit im Üben«.
224 Davor gestrichen: »leichte«.
225 Knopf 1996, 141-149, hier: 143. Zum weiteren Kontext immer noch das 8. Kapitel in Frank Trommler: *Sozialistische Literatur in Deutschland. Ein historischer Überblick.* Stuttgart 1976, 595-677, zu Lukács und Brecht hier bes. 645-660.
226 GBA 26, 316. Vgl. Knopf 1996, 142 f.
227 Ausführlich erläutert in der Vorrede zur klassischen französischen Se-Ma-Tsien-Übersetzung durch Edouard Chavannes, Paris 1895, Bd. I, S. CXLIII.
228 Dazu Helmut Heinze: *Brechts Ästhetik des Gestischen. Versuch einer Rekonstruktion.* Heidelberg 1992 sowie Hans Martin Ritter: *Das gestische Prinzip bei Bertolt Brecht.* Köln 1986. Vgl. auch Brechts kurzen Text *Über die gestische Sprache in der Literatur* im *Buch der Wendungen* über »eine Sprachweise [...], die zugleich stilisiert und natürlich war«, GBA 18, 78 f.
229 GBA 22.1, 357-364.
230 So zuerst in Viktor Šklovskijs bahnbrechendem Aufsatz *Die Kunst als Verfahren* von 1916, hier zitiert nach Jurij Striedter (Hg.): *Russischer Formalismus. Texte zur allgemeinen Literaturtheorie und zur Theorie der Prosa.* München 1969, Bd. I, 15.
231 GBA 22, 358.
232 GBA 23, 175 (wohl 1951).
233 GBA 22.1, 364 (nachgelassenes Typoskript zu *Über reimlose Lyrik mit unregelmäßigen Rhythmen*). Meine Hervorhebung.
234 In diesem zentralen Wort könnte noch immer das Echo von Döblins Liä-Dsi-Zitat nachklingen, in der »Widmung« des *Wang-lun*, vgl. S. 50 f.
235 Allein diese Implikation erklärt auch zureichend, dass der Lehrer diesen Wechsel nicht zu beeinflussen versucht, sondern sich aus ihm zurückzieht.
236 Vgl. Tatlow, *Brecht-Handbuch*, Bd. 2, 299.
237 In den Strophen 7, 8 und 11 muss deshalb der Schlussvers wohl jeweils mit ›beschwerten Hebungen‹ gelesen werden: »Wénn dú's wéißt, dann sprích«, »Nún, íst dás ein Wórt?«, »Únd dánn wár's sowéit«. So hatte Brecht zunächst auch den Schlussvers der 11. Strophe geplant (der allerdings schon durch den Daktylus des »höflicher« aus der Reihe fiel, was die Zurücknahme dieser zweiten Abweichung erklären könnte): »Kann man höflicher sein?«

Abbildungen und Copyrightnachweise

Umschlag: Porträt von Bertolt Brecht, Konrad Reßler, 1927, © Fotomuseum im Münchner Stadtmuseum; Zeichnung von Laotse aus: Laotse: Taoteking. Das Buch des Alten vom Sinn und Leben. Aus dem Chinesischen verdeutscht und erläutert von Richard Wilhelm. Jena 1911, Innentitel.
S. 9: Chinesische Zeichnung aus: Laotse: Tao te king, vor S. I.
S. 11-13: »Legende von der Entstehung des Buches Taoteking auf dem Weg des Laotse in die Emigration« aus: Bertolt Brecht: Werke. Große kommentierte Berliner und Frankfurter Ausgabe, Band 12: Gedichte 2, © Suhrkamp Verlag Frankfurt am Main 1988.
S. 18: Innentitel aus: Laotse: Tao te king.
S. 24: Richard Wilhelm, Fotograf und Datum unbekannt.
S. 29: Laotse: Tao te king, Chinesischer Holzschnitt auf dem Vorsatzpapier mit deutscher Transliteration auf darüber gelegtem Seidenpapier.
S. 33: Klabund, gezeichnet von Max Oppenheimer (MOPP), ca. 1921, aus: Kleines Klabund-Buch, Leipzig 1921, Frontispiz.
S. 43: Max Weber, gemalt von Marie Davids, undatiert. Aus: Max Weber: Gesamtausgabe, Bd. 2,5: Briefe 1906-1908, nach S. XXVI.
S. 47: Alfred Döblin: Die drei Sprünge des Wang-lun, Einband der Erstauflage, 1915.
S. 48: Alfred Döblin, Ölporträt von Ernst Ludwig Kirchner, ca. 1912, © by Ingeborg & Dr. Wolfgang Henze-Ketterer, Wichtrach/Bern.
S. 55: Bertolt Brecht, Fotografie von Konrad Reßler, 1927, © Fotomuseum im Münchner Stadtmuseum.
S. 56: »Eisen« aus: Bertolt Brecht, Werke. Große kommentierte Berliner und Frankfurter Ausgabe, Band 12: Gedichte 2, © Suhrkamp Verlag Frankfurt am Main 1988.
S. 58: Keuner-Anekdote (aus *Leben des Galilei*) aus: Bertolt Brecht, Werke. Große kommentierte Berliner und Frankfurter Ausgabe, Band 5: Stücke 5, © Suhrkamp Verlag Frankfurt am Main 1988.
S. 60: »Die höflichen Chinesen« aus: Bertolt Brecht, Werke. Große kommentierte Berliner und Frankfurter Ausgabe, Band 19: Prosa 4, © Suhrkamp Verlag Frankfurt am Main 1997.
S. 65: © ullstein bild – Granger Collection. Bildunterschrift nach: Harald Engberg: Brecht auf Fünen. Exil in Dänemark 1933-1939, Wuppertal 1974.

S. 71: »Die Pfeifen« aus: Bertolt Brecht, Werke. Große kommentierte Berliner und Frankfurter Ausgabe, Band 12: Gedichte 2, © Suhrkamp Verlag Frankfurt am Main 1988.
S. 75-78: Typoskript: Legende von der Entstehung des Buches Taoteking auf dem Weg des Laotse in die Emigration und nachgetragene 9. Strophe (s. S. 79, 91-93).
S. 78: Akademie der Künste, Berlin, Bertolt-Brecht-Archiv, 0346/097.
S. 80, 81, 85, 89: Akademie der Künste, Berlin, Bertolt-Brecht-Archiv, 353/72a-b.
S. 91-93: Akademie der Künste, Berlin, Bertolt-Brecht-Archiv, 0346/095, 096, 098.

In einigen Fällen waren die Rechteinhaber nicht festzustellen. Hier ist der Verlag bereit, nach Anforderung rechtmäßige Ansprüche abzugelten.

Zur Transkription der chinesischen Namen und Begriffe

Chinesische Namen und Begriffe werden, da es hier um Brechts Rezeption der ihm in englisch- und deutschsprachigen Übersetzungen begegnenden chinesischen Literatur und Philosophie geht, gewöhnlich in den Transkriptionen angeführt, die in den dafür relevanten Übersetzungen und Abhandlungen des 19. und frühen 20. Jahrhunderts (in wiederum häufig wechselnden Schreibweisen) gebräuchlich waren. Wo zwischen Schreibvarianten zu entscheiden war, wurden die in den Übersetzungen von Richard Wilhelm und Alfred Forke verwandten übernommen. Das *Daoism Handbook* (vgl. hier Anm. 15) schreibt für »Taoteking«: Daode jing; für »Laotse« (»Lao-tse«, »Lau dse«, »Lau Dan«): Laozi; für »Dschuang Dsi«: Zhuangzi. Die heute gebräuchliche Transkription für »Se Ma Tsien« (»Ssu-ma Chi'en«) ist: Sima Quian; für »Mê-ti«: Mo Di; für »Tsingtau«: Qingdao.

Dank

Diese Abhandlung geht zurück auf meine Göttinger Antrittsvorlesung am 19. Juli 2006 sowie einen Vortrag vor der Mainzer Akademie der Wissenschaften und der Literatur. Eine Vorstudie erschien 2005 in der Festschrift für Klaus Bohnen (*Kulturelle und interkulturelle Dialoge. Festschrift für Klaus Bohnen zum 65. Geburtstag*, hg. von Jan Schlosser. Kopenhagen/München 2005). Dem Bertolt-Brecht-Archiv ist für großzügige und unbürokratische Unterstützung zu danken. Für Hinweise, Anregungen, Korrekturen danke ich Diane Coleman Brandt, Christine Detering, Joachim Grage, Bok-hie Han, Adrian Hsia, Jörg Joost, Cynthia Kaulins, Arne Pelka, Helwig Schmidt-Glintzer, Stefanie Kraus, Heinz Schultz, Yuan Tan und Christian Wagenknecht.

Inhalt

Bibliografische Information der Deutschen Nationalbibliothek
Die Deutsche Nationalbibliothek verzeichnet diese Publikation
in der Deutschen Nationalbibliografie;
detaillierte bibliografische Daten
sind im Internet über http://dnb.d-nb.de abrufbar.

www.wallstein-verlag.de
Vom Verlag gesetzt aus der Stempel Garamond
Umschlaggestaltung: Steffi Riemann, Basta Werbeagentur
unter Verwendung einer Fotografie von Bertolt Brecht und einer Zeichnung von
Laotse (s. S. 108)
Druck: Hubert & Co, Göttingen
ISBN 978-3-8353-0266-2